KB134429

Meet the World Backpackers

인도에서 만난 길 위의 철학자들

Meet the World Backpackers
인도에서 만난 길 위의 철학자들

펴 냄	2015년 3월 20일 1판 1쇄 박음 ǀ 2015년 4월 1일 1판 1쇄 펴냄
지 은 이	가시와다 데쓰오
옮 긴 이	최윤영
펴 낸 이	김철종
펴 낸 곳	(주)한언
등록번호	제1-128호 / 등록일자 1983. 9. 30
주 소	서울시 종로구 삼일대로 453(경운동) KAFFE 빌딩 2층(우 110-310)
	TEL. 02-723-3114(대) / FAX. 02-701-4449
책임편집	이수희
디 자 인	이찬미, 송유미
마 케 팅	오영일
홈페이지	www.haneon.com
e - m a i l	haneon@haneon.com

ISBN 978-89-5596-712-8 03910

Meet the Wolrd Backpackers

인도에서 만난 길 위의 철학자들

가시와다 데쓰오 지음 / 최윤영 옮김

하루하루가 따분해?

시간이 흘러도
눈앞의 풍경이 그대로인 것은
스스로가 한 발짝도
내딛지 않았기 때문이다.

우리는 세상 어디든
걸어갈 수 있다.
그 누구도 발자취를 남기지 않은 길을
걸을 자유가 있다.

내 인생, 이런 것일까?

주변의 풍경이
늘 부럽게 느껴지는 이유는
지금 자신이 서 있는 곳에서
제자리걸음을 한 채
손만 내밀고 있기 때문이다.

우리는 무엇이든 그릴 수 있다.
그 누구도 본 적 없는 지도를
그릴 자유가 있다.

쉬지 않고 세계를 걸어 다니는
여행자는 말한다.

'걸어라.

자신의 발로 걸으며

자신만의 이야기를 만들어라.

그것이 인생을 즐기는 가장 좋은 방법이다.'

여행은 새로운 말을 만나는 시간이다.

세계를 걸어 다니는 여행자들은

많은 말들을 통해

삶의 길 위에서

헤매고 있는 나를

시작의 장소로 다시,

걸어가게 해주었다.

MEET THE WORLD
BACKPACKERS

나를 걷게 해준, 세계를 걸어 다니는 배낭여행자들의 한마디

"초조하게 굴지 마.
너의 이야기는 아직 '시작하며'에 지나지 않아."
—— 나탈리|Natalie

STICK NO BILL

"누구든 걷는 법을 배우지 않아도
걸을 수 있게 되는 것처럼 자신이 걷고 싶은 대로,
걷고 싶은 방향으로 가면 돼!"
—— 이반 ivan

"불안과 즐거움은 항상 같은 곳에 있어.
어느 쪽을 보고 걸을지는 너의 선택에 달려 있어."

── 크리스&카밀Chris & Camille

"여행은 인생의 휴식 시간이 아니야."

—— 아리오 Ario

꿈을 이루는 녀석은 오직 포기하지 않은 녀석뿐이야.

—— 딘Dean

"여행은 잠깐이지만, 만남은 평생이야!"
—— 아이모네 Aimone

"속옷을 매일 갈아입는 일이 당연한 것은 아냐."
—— 마리에Marie

"나는 만나길 잘했다는 생각이 드는 사람을
얼마나 만나는지가 행복의 한 가지 척도라고 생각해."
—— 올리버&티나Oliver & Tina

Introduction

이 책은

24세 / 친구 집에 얹혀사는 / 계약직 카메라맨이

여행자의 성지 인도를 여행하며

세계를 걸어 다니는 여행자들과의 만남을 통해

자신의 삶의 길을 찾는 이야기들을 담았다.

Tetsuo Kashiwada

주인공

가시와다 데쓰오

오사카 출신 / 현재는 도쿄의 식객.

계약직 카메라맨.

대학을 졸업한 지 2년,

허리띠를 졸라맨 도쿄에서의 생활 속에서,

자신이 나아가야 할 길을 잃어버린 인생의 미아.

등장인물

여행자의 성지, 인도에서 만난 세계의 배낭여행자들.

Backpackers

Prologue
of
Tetsuo Kashiwada

4년 전,
'아무것도 없었던' 나로부터

4년 전
나는 인도로 떠났다

지금으로부터 4년 전.

내 인생의 레일을 180° 바꾸게 된 계기는 인도 여행이었다.

당시의 나는 대학에 들어간 것을 좋아하면서도

왜 좋은지도 모른 채

그저 즐길 거리만 찾는 대학생이었다.

클럽을 가고 슬롯머신을 돌리고

애인을 만들어 데이트도 하고.

'지금은 즐거울지도 모르지.'

'하지만 몇 년 후의 내 모습은?'

3학년이 되면 취업 활동의 파도가 밀려올 것이고

나도 당연히 그 물결에 휩쓸리겠지.

이대로라면 자기소개서에

'특기는 제 앞에 깔린 레일을 따라가는 것입니다!'라고

당당하게 적고 있을 내 모습이 보였다.

나는 매일 스스로에게 묻고 답했다.
이렇게나 시간이 많은데도 불구하고
내 미래를 그리지 못했다.

여기에 있어도 아무것도 바뀌지 않는다.
바꾸지 않으면 바뀔 수 없다.
'스스로 바꿔야만 한다.'

지금의 나에게서 벗어나 내가 모르는 세계에 가고 싶다.
'여행을 떠나자!' 대학교 2학년 봄, 나는 결정했다.
여권을 만들고 짐을 배낭에 쑤셔 넣었다.
유일하게 '빠져들 것 같다'는 생각이 들어 산
일안 리플렉스(수동) 카메라를 가지고
그렇게 나는 인도로 떠났다.

카메라맨의 길을
걷기 시작하다

낯선 거리, 그리고 그 거리에서 살아가는 사람들,

끊이질 않는 클랙슨 소리, 날아드는 모래의 맛,

공기 중에 떠도는 고약한 냄새,

스치듯 지나갈 때마다 들러붙는 끈적한 땀.

오감을 자극하는 모든 것이 그곳에 있었다.

그러나 무엇보다도 내가 매력을 느낀 부분은

그 황홀한 풍경들 속에서 만난 '여행자'였다.

가는 곳곳마다 많은 배낭여행자들을 만났다.

자신의 몸보다 큰 배낭.

지저분한 옷, 부스스한 머리카락.

하지만 그들의 눈을 들여다보면!?

모두들 '이 얼마나 즐거운 인생인가!!'하고

반짝이는 눈을 하고 있다.

터무니없을 정도로 멋진 아우라를 풍기고 있었다.

어느 순간 나는 그들을 향해 셔터를 누르고 있었다.

세계 곳곳에서 온 여행자들은 '세계'라는 큰 무대 위에서
자신만의 이야기를 그려 가며 걷고 있었다.
그리고 무엇보다 그 이야기를 만들어 가는 과정을
즐기고 있었다.

'저들처럼 웃으면서 온 세계를 걸으며 살아가고 싶다.'
'여행과 카메라를 무기 삼아
앞으로 평생 밥 벌어먹고 살고 싶다.'

처음으로 나는 앞으로의 내 모습을 그려볼 수 있었다.
세계를 여행하며 사진을 찍는 포토그래퍼의 길.
나는 나만의 이야기를 그리기 시작했다.

하지만 어느샌가 나는 다른 사람의 이야기 속에서 살고 있었다

그 후 나는 세계를 여행하기 위해 필요한

영어를 배우러 호주로 유학을 떠났다.

그리고 대학을 졸업한 후 도쿄로 나와

카메라의 세계에 들어갔다.

한 걸음씩 내가 깐 레일을 걸을 것이라 믿어 의심치 않았다.

… 하지만 그로부터 4년.

도쿄에 왔을 무렵 10:0이던

'꿈꾸던 나'와 '현실 속 나'의 대비는

점점 8:2가 되고, 6:4가 되더니,

정신을 차렸을 때는 2:8로 역전되어 있었다.

언제부턴가 현실을 살아가는 것만으로도 벅찼던 나는

내 이야기가 아닌

사회의 다른 누군가의 이야기 속에서 살아가고 있었다.

결코 내 길을 걷고 있지 않았다.

지금의 나는 집세도 제대로 내지 못하고 얹혀사는 신세인
계약직 카메라맨이다.
찍고 있는 것은 온 세계를 걸어 다니는 배낭여행자가 아니라
조금도 움직이지 않는 가방이나 액세서리.
정해진 세트 안에서 정해진 앵글로 찍을 뿐이었다.
굳이 내가 찍지 않아도 좋은 사진.

내가 걷고 있는 이 길이 바른 길일까?

주변 친구들은 착실하게 취직해서 일을 하고 있었다.
친구와의 술자리에 나가도 이런 말만 들린다.
"보너스로 얼마 받았어."
"이번에 차 살 거야." …
그들은 행복해 보인다.

그로부터 4년,
나는 다시 한 번 인도로 향했다

주변을 쳐다보면 안 되는데 무심코 보고서는 초조해진다.
연금이며, 학자금 대출이며, 보험이며, 세금이며,
내야만 하는 사회의 현실이 나를 기다리고 있다.

그런 것들을 생각하지 않고 원하는 대로 살아가고 싶어도
나는 역시 평범한 24살, 계약직 카메라맨.
미래를 그릴 여유 따윈 없다.
눈앞의 풍경은 요 몇 년간 아무것도 변하지 않았고
나는 그저 제자리걸음만 하며
동경하는 모습에 손을 뻗고 있을 뿐.

그날 그렸던 미래와 현실의 차이에
나는 스스로 깐 레일을 믿을 수 없게 되었다.

… 그로부터 4년,

나는 또다시 스스로에게 같은 질문을 던졌다.

'몇 년이 지난 후의 내 모습은 어떨까?'

'이대로 괜찮은 거야?'

그 답을 찾고 싶어서 나는 다시 한 번 인도로 향했다.

온 세계를 걸어 다니는 배낭여행자들이

나를 다시 걷게 해줄 것이라 믿고서.

다른 사람의 이야기 안에서 사는 것이 아니라,

나만의 이야기를 만들어 앞으로 걸어가기 위해서.

이 여행의 끝에 내가 나아갈 길이 있다고 믿고서.

Contents

STAGE 1

나는 무엇을 잃어버리고 있었나?

Japan → Delhi

시작의 장소에서

비행기 창밖으로 내려다보이는 푸른 하늘은 굉장했다.
'지금 나는 일본에서
몇 백 킬로미터나 떨어진 땅을 향해 가고 있다.'
이제부터 시작될 나의 여행을 실감하는 순간이었다.

말은 번지르르하지만 사실 나는 비행기 타는 일이 서툴다.
옆에 있는 사람이 아이가 됐든 인도사람이 됐든
오사카의 아줌마가 됐든 간에
항상 "OK?", "OK?" 하고 묻고 만다.
이것은 치명적인 단점이다. 스스로도 잘 알고 있다.
'서핑은 좋아하지만 바다가 무섭다'고 말하는 것과 같다.
당연히 제트코스터 등의 놀이기구나
높은 곳도 내게는 절대 무리다.

이래저래
시작부터 한심스러운 내가
인도의 수도 뉴델리에 있는
델리공항에 도착한 때는 밤이었다.

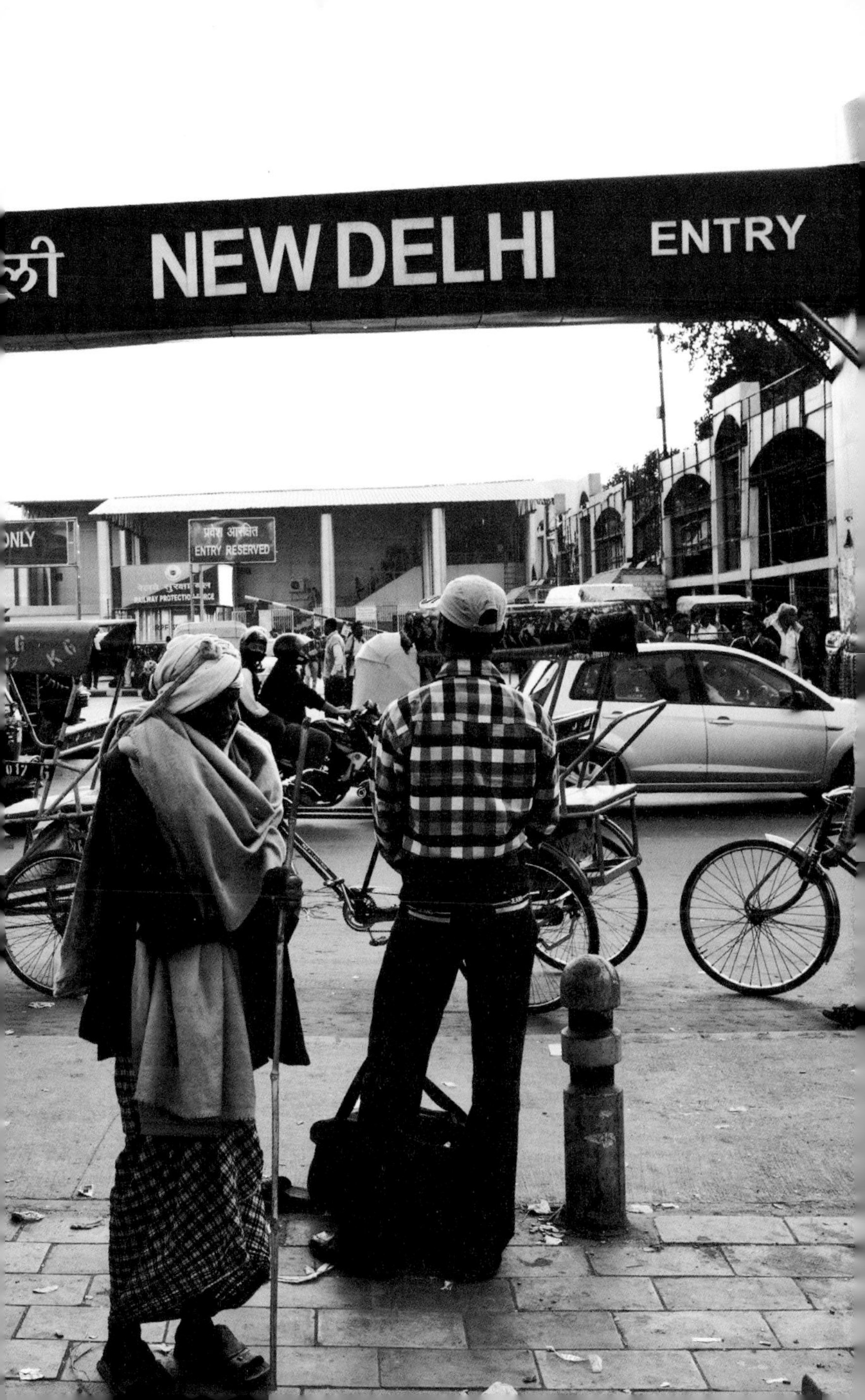
NEW DELHI
ENTRY
प्रवेश आरक्षित
ENTRY RESERVED

자, 4년 만의 인도.

이곳이 나의 출발점이다.

뉴델리역의 메인 바자르* 앞에

내려선 나를 기다리고 있던 것은

4년 전과 하등 다를 것 없는 광경이었다.

역을 나와 맞이한 인도의 정경을 덧붙여 설명하자면

대개 이런 느낌이랄까.

인도인 A, B, C가 나타났다!

인도인 A, B, C가 나타났다!

가시와다의 공격! 인도인 A에게 3의 대미지!

인도인 A의 공격! 인도인 A는 혼란스러워한다!

인도인 A가 다량의 릭샤Rickshaw(인력으로 이동하는 동남아시아의 흔한

이동수단) 아저씨를 부른다!

"호텔! 호텔! 호텔!"

* 여러 상점과 레스토랑, 호텔 등 여행과 유흥에 필요한 모든 상점이 모여 있는 거리를 일컫는다.

가시와다에게 24의 대미지!

인도인 B는 친구를 부른다!

"하파(대마초)? 하파? 이거 진짜야!"

가시와다에게 43의 대미지!

인도인 C는 팔푼테**를 외쳤다!

난데없이 많은 아이들이 나타났다!

"원 달러–… 원 달러…"

통한의 일격! 가시와다에게 109의 대미지!

… 가시와다는 반항하는 일을 그만두었다.

한마디로 정리하면,

인도 여행은 수많은 호객꾼 아저씨들과의 싸움으로 시작된다.

** 일본의 인기 RPG게임 ‹드래콘 퀘스트›의 마법 주문이다. 주문을 외치면 다양한 공격이 무작위로 실행된다.

#1

크리스 & 카밀

"불안과 즐거움은 언제나 같은 장소에 있어."

Anxiety and fun, always in the same place.
- Chris & Camille

시작하는 날과 끝나는 날

… 자, 이야기로 돌아가 보자.

우선은 묵을 곳부터 정해야 한다.

인도인들의 공격을 잘 피해 가면서

여행자들이 모이는 바자르(시장) 한 구석의

게스트하우스 거리로 향했다.

그곳에서 이번 여행 최초의 멋진 만남이 있었다.

목적지인 게스트하우스에 도착하니

내 방 맞은편의 배낭여행자 커플이

때마침 짐을 꾸려 방을 나오고 있었다.

그들의 이름은 크리스Chris와 카밀Camille.

두 사람은 1년 반 동안의 긴 여행을 끝내고

오늘, 모국인 프랑스로 돌아간다고 했다.

오늘부터 여행을 시작하는 자와 여행이 끝나는 자.

시작과 끝.

그런 하루를 함께 맞이할 수 있다는 것이 기뻤다.

크리스 "여행을 시작하면 언젠가는 끝이 오기 마련이지.

　　　하지만 여행이 끝난 뒤에도

똑같이 인생을 즐기며 웃고,

계속해서 행복하게 지낸다면

그것은 우리에게 있어 여행과 같아.

큰 배낭을 짊어지고서 다니는 여행은 끝이 났지만

즐거움과 행복을 짊어지고

'프랑스에서 생활하기'라는 여행을 시작하는 거지.

우리는 여행을 통해 인생을 즐기는 방법을

찾을 수 있었어."

카밀도 "그저 즐기는 거야"라고 말하며 웃었다.

"여행한다고 돈도 다 써버렸는데."

"일도 다시 찾아야 하는데……."

이런 불안은 그들의 입에서 단 한마디도 나오지 않았다.

오직 '앞으로'를 즐기라는 말뿐이었다.

나아갈 때는
언제나 즐거움이 있는 곳으로

이제 막 시작된 나의 여행.

나는 그들처럼 앞을 향해 걸어갈 수 있을까?

이 여행의 끝에서 그들처럼

앞으로의 인생을 즐길 수 있게 될까?

조금 가라앉은 내 표정이 신경 쓰였던 것일까.

크리스가 미소를 지으며 내게 속삭였다.

"불안과 즐거움은 언제나 같은 장소에 있어.

하지만 그것을 어떻게 받아들일지는 자기하기 나름이야."

지금의 내가 할 수 있는 일은

즐거움이 있는 곳으로 걸어가는 일.

여행의 끝에서 두 사람이 해준 말은

내가 여행을 시작할 수 있도록

뒤에서 나를 강하게 밀어주었다.

#2

아이모네

"여행은 잠깐, 만남은 평생"

Journey is one moment,
but meeting is forever. – Aimone

가시와다식 여행자 토크

길가 차이Chai 가게의 벤치에 멍하니 앉아
차이(인도식 홍차)를 마셨다.
건너편에서 휘익 걸어온 유러피언과 눈이 마주치자
왠지 모르지만 서로에게 멋지게 윙크를 건넨다.
그는 그대로 내 앞을 지나쳐 가는가 싶더니
내 옆자리에 걸터앉아 차이를 주문했다.
대화는 대충 이렇게 시작되었다.

나 "How is it going(오늘 하루 어때)?"

그 "Fine(좋아)."

　"You(너는)?"

나 "Yeah fine(나도 좋아)."

　"You from(어디서 왔어)?"

그 "Italy(이탈리아에서 왔어)."

　"You(너는)?"

나 "Japan(난 일본)."

그 "Nice to meet you(만나서 반가워)."

나 "Nice to meet you, too(나도 만나서 반가워)."

　"Your name(이름이 뭐야)?"

그 "Aimone(아이모네)."

"You(너는)?"

나 "Tetsuo(난 데쓰오라고 해)."

참으로 간단한 영어로 시작해

무슨 일을 하는지, 얼마나 여행하는지

느긋하게 서로를 공유한다.

아이모네Aimone도 호주를 여행한 적이 있다고 하기에

그 이야기로 분위기가 무르익었다.

그는 자동차를 빌려 호주를 돌아다녔다고 한다.

어떤 우연인지 합승했던 사람은

아이모네 빼고 모두 일본인이었다고.

"영어를 할 줄 아는 사람은 단 한 명도 없었지만

그들의 분위기가 뭔지 모르게 즐거웠어."

아이모네가 준 선물

"여행을 하면서 카메라로 밥 벌어먹고 살고 싶어."

내가 여행을 시작한 이유에 대해 이야기하자
아이모네가 이렇게 말했다.

"너 같은 여행자가 유럽을 가보지 않는다는 건 손해야!
사진도 찍고 작품도 만들 좋은 기회인데다가
공부도 많이 될 거야.
이탈리아에 오면 재워줄 테니까 꼭 연락해.
Journey is one moment, but meeting is forever
(여행은 잠깐이지만, 만남은 평생이야! 잊지 마)!"

여행은 잠깐, 만남은 평생.
'가슴에 쿵! 하고 와 닿은 그 말!!!!!!!'
여행을 하면서 사람을 만나는 그 시간은
인생에서 아주 짧은 순간이지만
진심이 담긴 따뜻함을 느끼기도 하고
마음이 서로 통하기도 한다.
이것이 여행이다. 이것이 여행자가 주는 선물이다!
누군가와 만나는 그 짧은 순간들이 하나씩 하나씩,
나의 이야기를 만들어 가게 해준다.

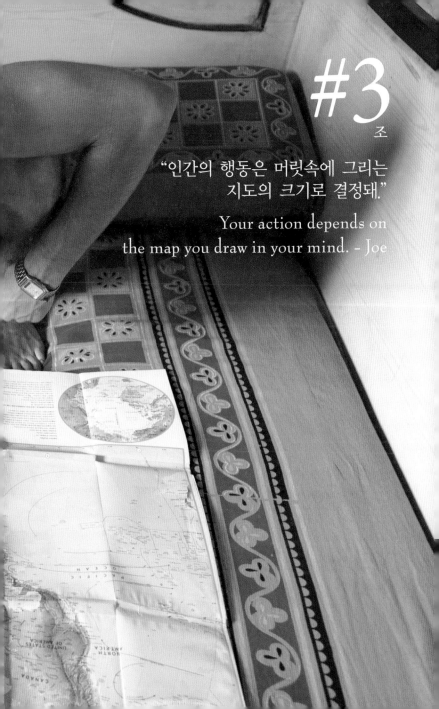

#3
조

"인간의 행동은 머릿속에 그리는
지도의 크기로 결정돼."

Your action depends on
the map you draw in your mind. - Joe

나를 기다리고 있는 것은
국적도 나이도,
그 어떤 것도 상관없는 만남

크리스와 카밀, 아이모네 덕분에

나는 기분 좋은 여행을 시작할 수 있었다.

다음날, 늘 먹는 치킨카레에

차파티Chapati(난의 간편 버전)를 곁들여

늦은 아침 식사를 하고 있는데,

"옆에 앉아도 될까?" 하는 소리가 들렸다.

말을 걸어온 사람은 영국인 조Joe였다.

조는 여자친구와 세계 일주를 막 끝낸 참으로,

여자친구는 2주 전에 먼저 영국으로 돌아갔다고 했다.

지금 그가 할 일은 돌아가는 비행기를 기다리는 일뿐인데,

그에게는 이제 돌아갈 때 쓸 경비밖에 남지 않은 것 같았다.

조 "지금 묵고 있는 곳은 비싸서 다른 곳을 찾아야 돼."

나 "그럼 절약도 되고 하니까 방을 나눠 쓰자."

조 "좋아! 고마워, 데쓰오!!"

곤란하기는 피차일반.

어느 나라 녀석이든, 나이가 많든 적든,

이제 막 만난 사이든,

백팩을 짊어지고서 여행하고 있다면 공통점은 하나.

'여행자'라는 것이다. 그거면 충분하다.

일일이 말로 설명하지 않아도 여행자는 이해하고 있다.

국적도 나이도 그 어떤 것도 관계없는 만남이

우리를 기다리고 있다는 것을.

같이 나눠 쓰기로 한 방 안에서,

나와 조는 큰 더블베드에 드러누워 서로의 여행에 대해,

그리고 꿈에 대해 여러 이야기를 나눴다.

두 사람, 천장에 그린 지도를 눈으로 따라 그리며

조 "다음 여행은 이런 루트로 할 거야!"

나 "동쪽? 서쪽?… 그럼 우린 어디선가 다시 만나겠네!"

우리 둘은 천장에 그린 지도를 손으로 따라 그리며
앞으로의 여행을 그렸다.

손으로 그린 세계 지도로는 부족했는지
조가 백팩에서 세계 지도를 꺼내
침대에 펼쳤다.
그 세계 지도가 이제까지 그가 한 긴 여행을
느낄 수 있게 해주었다.
그리고 조는 내게 자신의 꿈에 대해 말해 주었다.

조의 꿈, 여행자의 꿈

조 "내 꿈은 언젠가 게스트하우스를 여는 거야.
　　그래서 내 발로 직접 세계를 여행하면서
　　어디에 세울지 모색하고 있어.
　　아직 게스트하우스가 존재하지 않는 곳에 세우고 싶거든.
　　즐거운 여행에 여행자를 만나기 위한 숙소는 필수잖아?"
나 "맞아, 나와 조처럼."
조 "세계에는 멋진 장소인데도 게스트하우스가 없어서

여행자가 가기 힘든 곳이 아직 많아.

나는 그곳에서 나만의 게스트하우스를 제공하고 싶어.

한마디로, 나이가 들어도 여행과 연결된 일을 하고 싶어!!"

나 "멋지네! 언젠가 나도 가게 해줘!

일본 가이드북에 실을 사진은 내가 찍을 거니까!"

조 "Of course(물론이지)!"

조는 기분 좋은 얼굴로 따뜻하게 미소 지었다.

그 얼굴을 바라보며

언젠가 꼭 그의 게스트하우스를

방문해 보고 싶다는 생각이 들었다.

조는 "지금부터 여행하는 데쓰오에게…"라며

열쇠와 옷을 주었다.

나는 일본에서 가지고 온

칼로리 메이트Calorie Mate(밸런스 푸드)와

롯데 아몬드초콜릿을 건넸다.

롯데 아몬드초콜릿이 꽤 맛있었는지

"영국에는 이런 거 없어! 있을 수 없는 일이야!"라며

떠들어 대는 조.

영국의 초콜릿은 지나치게 달달한 데 반해

롯데 초콜릿은 너무 달지도 너무 쓰지도 않은

절묘한 달콤함을 가진 듯했다.

부드러운 달콤함 속

단단하고 고소한 아몬드의 풍미 또한 끝내준다고.

조는 세계 지도를 보고 있던 시간보다도 오래 떠들어 댔다.

머릿속에 그린 지도는?

조가 이야기해 주었다.

"인간의 행동의 크기는 머릿속에 그린 지도의 크기로 결정돼."

그 말에 문득 나는 내 인생을 되돌아보았다.

유치원생 시절에는

집에서 유치원까지의 거리가 엄청난 여행이었다.

초등학생이 되어 자전거라는

무적의 무기를 손에 쥐게 된 나는

어디든 앞으로 나아갈 수 있을 것만 같았다.

중·고등학교를 거치며 나는 무적이 아니란 것을 깨달았지만

전차를 타면 예상외로 간단하게 멀리 갈 수 있다는
사실도 알았다.

머릿속의 지도가 커져 감에 따라
가고 싶은 곳도 멀어지고, 하고 싶은 것도 커졌다.
그리고 대학교 2학년 때
처음으로 바다 저편으로 여행을 떠났다.
그때 내 머릿속의 지도는
일본 지도에서 세계 지도로 바뀌었다.

없애는 것은 언제나 나였다

하지만 현실을 보면 볼수록
머릿속의 지도는 작아졌다.
세계 지도에서 일본 지도로, 일본 지도에서 도쿄 지도로.
4년 후, 내 머릿속에 남아 있던 것은
회사와 집까지의 최단 거리가 기록된 작은 지도뿐이었다.

'다시 한 번 더, 그려야만 해.'

나는 잊고 있었다.

세상은 사라지지 않는다. 없애는 것은 언제나 나였다.

지금, 당신의 머릿속에 그려진 지도는 어떤 지도인가요?

#4

예후다

"인생을 백지로 가득한
텅 빈 책으로 만들지 마."

You don't need blank pages
on your book. – Yehuda

It's time to Go(이제 출발할 시간이야)! 자, 어디로 갈까?

눈을 뜨니 벌써 낮 12시가 넘어가고 있었다.

창문으로 델리 거리를 내려다 보니

사람들은 활기가 넘쳤다.

'It's time to Go(이제 출발할 시간이야)! 자, 어디로 갈까?'

8월. 인도의 여름은 레Leh라는 마을이 매력적이다.

겨울에는 눈 때문에 도로가 폐쇄되지만

지금 시기에는 열려 있어 마을로 들어갈 수 있다.

유러피언 배낭여행자들이 좋아하는 지방이다.

레로 가는 데에는 루트가 몇 가지 있지만

비행기는 비싸기 때문에 이번에는 버스를 택했다.

우선 버스를 타고 히말라야 골짜기 마을

마날리Manali로 향하여

거기에서 다른 버스로 갈아타고

다시 북쪽으로 올라가는 코스다.

꽤 힘든 여행이다.

마날리까지는 거의 14시간.

하지만 이건 양반이다.

마날리에서 레까지는 474km나 되는데
해발 5,000m가 넘는 고개를 두 번이나 넘어야만 한다.

여행사에 가서 간신히 오늘 출발하는 티켓을 구했다.
16시 40분에 여행사 앞에 모이기로 했다.
나는 늦은 아침 식사를 하고 사진을 찍으며 산책을 하고서
짐을 싸기 위해 일단 게스트하우스로 돌아왔다.

집합 장소에 가려고 하는데 게스트하우스 주인이 말했다.
"당신을 데리러 올 녀석이 늦는다고 하니까 조금만 기다려."

오랜만의 'India Time(인도 타임)'

나 "얼마나?"
주인 "5분이야!"

컴퓨터를 두드리며 대충 대답하는 주인.
뭐, 5분 안에 오지 않는다는 사실을 알고 있었기 때문에
30분 정도가 지나고서 "5분이라 하지 않았어요?"라고 묻자

"괜찮아! 인도 타임이야!"라며
자신감 넘치는 소리로 대답한다.

그런데도 이상하게 기쁘다. 인도는 아무것도 변한 게 없다.
1시간 후 나를 데리러 온 녀석은
여행사를 몇 군데 더 돌아다니며
다른 여행자도 픽업하면서 버스 정류장으로 향했다.
그중엔 호주인 딘Dean이 있었다.

딘 "라이터 있어?"
나 "미안하지만 난 담배 안 피워!"
딘 "보기와는 다르게 건강파군."

딘은 담배를 입에 물며 웃었다.
출발 5분 전이라더니 버스는 정류장에 없었다.
또다시 인도 타임 시작.

23번 좌석이 사라졌다

버스는 1시간 반이 지나서야 왔다.

예상외로 겉모습은 예쁘다.

백팩을 사이드 트렁크에 옮기고 나서

'23번'이라 적힌 내 자리로 향했다.

하지만!!! 완벽하게, 말끔하게도 '23번'이라 적힌 좌석이 없다.

나 "여기! 23번 자리가 없어!"

운전사 "어제 막 없어졌어! 제일 뒷좌석에 앉아!"

와우!… 의미를 이해할 수는 없었지만

일단은 가장 뒤쪽의 비어 있는 자리에 앉았다.

'그래….

이곳이라면 의미를 모르는 것이 당연하다.'

버스가 출발하자마자 느꼈다. 최악의 시작이라고.

도로 사정이 나빠서 좌우 위아래로 울렁울렁.

정말이지 짜릿한 도로다.

옆자리의 프랑스인은 "좁아서"라고 말하더니

통로에 누워 자기 시작했고,

출발한 지 몇 시간이 지난 후에는

앞쪽에서 토하고 있는 소리가 들렸다.

너무나 비참하다.

히지만!!! 이섯은 배낭여행자가 거쳐야 하는 관문이다.

그런 여행길 도중, 버스 휴게소에서 이를 닦고 있던

남자와 이야기를 나눌 기회가 생겼다.

이름은 예후다Yehuda, 이스라엘인 배낭여행자였다.

이스라엘에서는 당연해

예후다 "이스라엘에는 징병 제도가 있어서,

　　　　　종교에 따라 다르긴 해도

　　　　　3년간 징병 의무를 이행해야 해."

나 "무조건 가야 해?"

예후다 "응. 당연히.

　　　　　징병을 거부하면 감옥에 가야 하거든."

현재 내전이 진행 중이거나

분쟁이 일어나고 있는 지역의 징병 제도다.

대학생 시절의 나처럼 내가 좋아하는 일 같은 건 할 수 없다.

예후다 "싫어도 가야만 해.

　이스라엘에서는 아주 당연한 일이야.

그래서 나는 생각했어.

3년간 내가 정말로 하고 싶은 것이 무엇인지를 말이야.

그랬더니 '여행을 하자'고 마음속의 내가 말하는 거야!

징병이 끝난 후 무엇보다도 좋아하는 것을

할 수 있는 행복이 뭔지 알게 됐어.

매일 새로운 사람을 만나서 이야기를 나누고

몰랐던 것을 알게 되고 처음 보는 것을 보고 느끼고….

여행에서 만난 모든 것이

새로운 '내'가 되어 가는 거야."

"너는 하루하루를 소중히 여기고 있어?"

좋아하는 것을 할 수 있는 행복이라….

일본에서는 좋아하는 것뿐이랄지,

주체하지 못할 정도로 시간이 남아돌아도

무엇을 해야 좋을지 모르는 사람들 천지인데.

물론 나도 그중 한 사람이었다.

'넌 자유다'라고 말해 줘도 그 자유 자체가 고통이었다.

예후다 "너는 하루하루를 소중히 여기고 있어?"

그의 물음과 눈빛에 나는 아무 말도 할 수 없었다.

그러자 예후다가 말을 계속해 나갔다.

새로운 내가 되었다는 증거

예후다 "데쓰오, 일기는 쓰고 있어?"

나 "응, 이번 여행을 하는 동안은 매일매일."

예후다 "매일을 소중히 한다는 것은 바로 그런 거야."

나 "무슨 말이야?"

예후다 "쓸거리가 있다는 것은

　　　　그 하루 안에서 뭐든지 간에 좋은,

무언가 의미가 있는 것을 하고

무언가를 느끼며 새로운 내가 됐다는 증거야."

확실히, 지어노 지금의 나는 일기를 쓰고 있다.

이번 여행 중에는 어쩐 일인지 쓸거리가 생긴다.

'하지만 만약 지금 같은 일상을 일본에서 보내고 있다면?

나는 이 노트에 무엇을 쓸 수 있을까?'

아침에 일어나 자전거를 타고 회사에 가서 일을 하고

배를 채우기 위해 우동을 먹고.

이런 일상이 5일간 지속되다 주말에는 약간의 특별한 일….

만약 그런 일주일이 평생 계속된다면….

예후다 "인생을 백지로 가득한

팅 빈 책으로 만들고 싶지는 않잖아?

그러니까 우리들은 새로운 무언가를 만나서

새로운 '내'가 되는 여행을 계속 해나가야 해."

너의 책에는
무슨 내용이 쓰여 있어?

그래! 하루하루를 소중히 보낸다는 건

매일 새로운 자신을 만나면서 살아간다는 것이다.

인생을 하나의 이야기라 한다면,

지금의 나는 분명 속이 텅텅 빈 책일 것이다.

그건 싫다. 정말로 재미없다.

"너는 하루하루를 소중히 여기고 있어?"

이 말은 "너의 책에는 무슨 내용이 쓰여 있어?"

라는 질문과 같은 의미이다.

새로운 무언가를 만나기 위해서는

계속해서 앞으로 걸어 나가야 한다.

예후다의 말이 다시 한 번 내 마음을 울렸다.

#5
딘

"꿈을 이루는 녀석은 오직
'포기하지 않은' 녀석뿐이야"

The one that makes his dream comes true is
the one that just never gives up.

- Dean

나는 변하지 않는 현실에
침몰하고 있었다

결국 몇 시간을 버스에서 흔들렸을까.
마날리에 도착했을 때는 14시가 넘어가고 있었다.

이스라엘의 예후다와는 여기서 헤어지고
다시 호주의 딘과 동행하기로 했다.
마날리는 도시화된 델리와는 완전히 상반된,
초록빛이 가득한 산간에 있어 내려다보이는 풍경이 굉장했다.
평소에는 화만 내는 호객꾼도
정말 좋은 게스트하우스를 소개시켜 주었다.

높은 건물에다 경치도 한눈에 내려다보이고
방도 깨끗하고 세련되었다.
그리고 뜨거운 물 샤워는 무려
일본에서 평소에 하던 것과 비슷한 수준이었다.
게다가 와이파이Wi-Fi가 달린 방이
한 방당 200루피(약 2,800원).
"내년에는 〈론리 플래닛Lonely Planet(유럽과 미국의 가이드북)〉에
실릴 거야."

라며 주인이 우쭐해한다.

나는 마날리가 너무도 마음에 들었다.
일본으로 돌아가는 날이 정해져 있지 않았다면
아마 한 달 정도는 마날리에 침몰해 있었을 것이다.
'침몰'은 여행자가 여행지의 환경에 적응해 버려서
아무것도 하지 않고
마을이나 숙소에 장기 체류하고 마는 상태를 말한다.

그렇게 생각하면 오히려 나는 일본에서의 생활에,
변하지 않는 현실에 침몰해 있었는지도 모른다.

스스로를 불쌍하게 여기고 있진 않나?

묵을 곳을 정했기 때문에 산책을 한 뒤
라씨Lassi(인도의 차가운 요구르트 음료)를 사가지고서
딘과 긴 의자에 앉아 마시고 있는데,
구걸하는 아이들이 다가오더니 말을 건다.

"라씨 주세요."

딘 "(아이들을 물리치며) Sorry(미안)."

나 "불쌍하네."

딘 "데쓰오 눈에는 그렇게 보여!?

　　… 내 눈에는 그렇게 안 보이는데. 주변을 둘러봐!

　　거지들도 많고, 손이나 발이 없는 녀석도 있어.

　　하지만 그들이 슬퍼하고 있는 것처럼 보여?

　　스스로 자신을 불쌍하다 여기고 있는 녀석이 보여?"

나 "… 모두들 웃고 있네!"

딘 "거봐!

　　우리는 우리들 마음대로

　　불쌍하다고 생각하고 있는 것뿐이야.

　　인도인은 모두 활기차게 살아가고 있다고!"

확실히,

스스로를 불쌍하게 여기는 것만큼 불행한 것도 없다.

문득 도쿄에서 지내던 시절의 내가 떠올랐다.

궁핍한 생활에 스스로를 불쌍하다 여기지 않았는가?

그 이유는 내가 행복이란 걸 느끼지 못했기 때문이었다.

나는 어깨에 머리를
올리고 있는 것뿐이야!

밤이 되어 딘과 밥을 먹으러 갔다.
딘은 현재 런던에서 작가로 일하고 있었다.
인기 많은 영화나 TV 방송의 작가가 목표라고 했다.

나 "딘은 보통 왜 여행을 해?"
딘 "Move forward through life(인생을 전진시키기 위해서)!"
나 "멋지네!"
딘 "That's all I carry, my head on my shoulders

　　(나는 어깨에 머리를 올린 채 걸어가고 있는 것뿐이지만).

　　하하하~"

포기하지 않고
계속하는 것이 중요해!

딘과는 이번 여행에서 긴 시간을 함께 했는데
그는 언제나 이런 식으로 나를 웃게 해주었다.

그러나 이날 밤만은 진지한 눈을 한 채
중요한 이야기를 해주었다.

딘 "아직 큰 목표에 도달하지는 못했지만
　그것을 이루기 위해 매일매일 열심히 살고 있어.
　열심히 하는 수밖에 없는 거잖아?
　언제 결과가 나올지는 그 누구도 모르는 거야!
　그러니까 스스로에게 잠재되어 있는 그 무언가를 믿고
　자신을 있는 힘껏 꺼내어 포기하지 않고
　계속 나가는 거야."

"데쓰오도 그렇지!? 너도 유명한 포토그래퍼가 돼서
사진을 찍으며 살아갈 거잖아!?
데쓰오, 포기하지 않고 계속하는 것이 중요해!"

"나는 글만 쓰고 있다 보면 꼭 벽에 막혀 버려.
그럴 땐 여행을 떠나.
여행엔 만남이 있으니까!
여행을 하지 않았다면 호주인인 나와 일본인인 네가
여기서 밥을 먹고 있는 일 같은 건 없었을 거야!"

"열심히 하는 너를 보고 나도 자극을 받아서
열심히 해야겠다고 마음먹었어.
데쓰오도 나를 만나서 열심히 해야겠다는
생각이 들었다면
우리의 만남은 최고의 의미를 담고 있다고 생각해!"

분명 의미가 있었다.
나 또한 내가 나아갈 길 위에서 방황하고 있었으니까.

가시와다의 도쿄 우동 이야기

2년 전, 대학을 졸업하자마자
'세계를 여행하는 포토그래퍼'를 꿈꾸며
오사카에서 상경해 시작한 도쿄 생활.

궁핍했던 생활 때문에 비싼 집세를 내지 못해서
친구에게 부탁해 싼값에 얹혀살았다.

일터는 교통비를 아끼기 위해 자전거로 다녔고,

끼니는 대부분 우동.

자전거로 슈퍼 몇 군데를 돌며 어디가 싼지 비교해 보았다.

그리고 물리지 않도록 '와카메 우동', '니쿠 우동', '낫토 우동',

'도로로 우동', '오쿠라 우동', '나베 우동'을 탐구했다.

언젠간 세계를 돌기 위해 '500엔(약 4,600원) 저금'도 했다.

거스름돈으로 500엔 동전이 생기면 무조건 저금통으로.

언젠가를 위해, 언젠가를 위해서….

우동에만 의지하며

도쿄의 거리와 사람에게 시달리고 있었다.

열심히 하면 할수록 생기는 것은 변명뿐이었다

우동으로 끼니를 때우던 도쿄 생활에,

생각대로 따라와 주지 않는 내 사진 실력에,

주변 친구들과 비교되는 내 미래에,

뭔가 나조차도 알 수 없는 마음 한구석의 떨떠름함이란….

분명 꿈과 이어지는 길을 찾고 있었는데
열심히 하면 할수록 어느새 나의 일상에는
변명과 할 수 없는 이유들만 가득 생겨나 있었다.

정신을 차리고 보니 딘에게 끊임없이 내 이야기를 하고 있었다.
인도에서, 더구나 우연히 만난 외국인 배낭여행자에게
이렇게나 오래 내 이야기를 떠들어 대고 있다니,
참으로 희한한 일이었다.

"데쓰오? 울고 싶을 땐 웃어!"

도쿄에서 보냈던 2년간의 생활을 주저리주저리 늘어놓자
딘이 이런 말을 해주었다.

"Happiness is making peace with life's up and downs
(행복이란 인생의 흥망성쇠와 친해지는 것이니까)."

"Tetsuo? When you want to cry, just laugh
(데쓰오? 울고 싶을 땐 웃어 봐)!"

취한 건지 아닌지는 모르겠지만
정말로 좋은 말을 해주는구나, 딘.

열심히 사는 녀석을 보며
'나도 열심히 해야 해'라는 생각이 들었다.

단지 그뿐이었지만,
이번 여행에서 일생에 단 한 번의 만남이 될 녀석이
건배를 건네며 더욱 진심을 다해 그런 말을 던져 주자,
내 마음은 '그래, 해야만 해!'라는 기분으로 가득해졌다.

단 하나의 간단한 규칙

'Don't give up, keep chasing your dream.
It's a very simple rule for success
(포기하지 말고, 네 꿈을 향해 달려.
이것이 성공을 위한 가장 간단한 규칙이야)!'

당연한 말이지만, 포기하지 않고 계속해서 가면

언젠가는 분명 결과가 따라올 것이다.
다시 말하면, 결과를 낸 사람은
오직 '포기하지 않은 사람'뿐이다.

자신만의 이야기를 가지고 살아가기 위한 간단한 규칙.
최후까지 포기하지 않은 사람만이 꿈을 이룬다.

우울한 날 같은 건 썩어날 정도로 많다.
포기하고 싶을 때 또한 질릴 만큼 있다.
그래도 우울할 때에는
다시 딘과 함께 뜨겁게 이야기를 나누면 된다.
서로 열심히 하면 된다.
나는 오늘 그런 친구를 일본에서 멀리 떨어진
인도의 산속에서 만났다.

놓치고 있던 것은 앞으로 가야 할 길이 아니라,
길을 걸어가고자 하는 용기였다.

인생은 믿는 방향으로 변해 간다.
자신이 꿈꾼 세계만큼 눈앞의 풍경이 변하는 것이다.

STAGE 2

나는 왜 이곳에 왔을까?

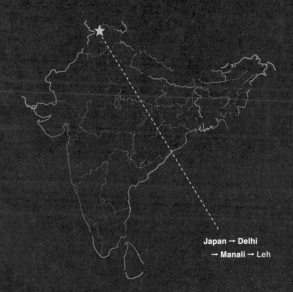

Japan → Delhi
→ Manali → Leh

똑똑… 똑똑… 쾅쾅!

편안하고 여유롭다.

마날리 마을은 풀숲을 걷다 소를 만나고,

민가를 따라 지나가다 보면 원주민 여성이

찰카닥찰카닥 직물을 짜고 있다.

아이들과 친해져서 사진을 찍고,

멋진 창문 사진을 찍고,

언덕 위에서 실을 잣는 할머니의 사진을 찍고,

찍어서 나온 폴라로이드 사진은 선물했다.

내 여행의 시간 사용 방법은 대체로 이런 느낌이다.

내일 새벽 2시에는,

더욱더 북쪽에 위치한 레로 향하기로 했다.

오늘은 여유를 좀 부려 보자.

오늘은 Take off. Take it easy(쉬엄쉬엄, 편안히).

눈꺼풀이 내려간다. 또다시 잠에 든다.

… 똑똑… 똑똑… 노크 소리가 희미하게 들린다.

그 소리는 점차 크게 변한다. 쾅쾅! 쾅쾅!

"앗, 큰일이다! 지금 몇 시지!?"

시계를 보니 새벽 1시를 지나고 있었다.

옆방의 아이슬란드인 제인Jane이 나를 깨우러 왔다.

제인도 같은 차로 레에 가기 때문이다.

나는 서둘러서 짐을 꾸리고 약속한 장소로 향했다.

5,000m 한계 드라이브

레까지의 여정은 말도 안 될 정도로 힘들었다.

장대비가 앞 유리창을 내리쳤다.

5,000m급의 산을 올라가기 위해 이리저리 흔들리며

당장이라도 넘어질 것처럼 달리는 차.

내 머리는 창문이며 시트에, 돌아가는 세탁기 통 속처럼

내동댕이쳐졌다.

운전사는 마리오 카트(카트를 타고 경주하는 액션 레이싱 게임)에

출전해도 피치 공주 정도는 여유롭게 이길 테크닉으로,

앞차를 벼랑 끝에서 가차 없이 앞질렀다.

그렇게 자동차는 몇 시간을 계속해서 달렸다.

… 정신을 잃었던 것일까.

해발 5,000m를 넘어서야 겨우 휴식 시간이 찾아왔다.

'지금 당장 차이를 마시고 싶다.

부드러운 차이만이 이 가혹함을 잠재워줄 터….'

라고 생각했으나 운전사가 경적을 경쾌하게 울리며

출발 신호를 알렸다.

"앞으로 6시간 정도 걸릴 거야. 더 높은 곳까지 가니까~"

그는 아무렇지 않게 내 마음속에

돌 한 덩어리를 얹어 놓는 것을 잊지 않았다.

'It's not time to GO…(아직 출발할 시간이 아니야…).'

앞으로 6시간, 견디겠습니다.

그럼 여러분, 6시간 후에 무사히 만나요.

#6
쇼타

"스스로 정한 길을 남 탓으로 돌리지 마."
Don't blame others for the way you chose.
- Shota

호객꾼 씨, 고마워요

여러분 안녕하세요. 간신히 무사히 만났네요.
저 가시와다 데쓰오는 아-레-아-레-라고 소리치면서
무사히 레에 도착했습니다. 몸과 마음, 모두 최고조입니다.

시간을 보니 한밤중인 12시 34분.
심야에도 불구하고
버스가 도착하길 기다리고 있던 호객꾼들이
일제히 말을 걸어온다.
한 가지 말할 수 있는 것은
이 사람들은 '일하는 사람'이라는 것이다.
이런 시간까지 호객 행위를 하다니, 존경할 만하다.
이런 밤은 호객꾼에게 신세를 지는 것이 제일이다.
'늦은 밤까지 고마워요, 호객꾼 씨. 도움이 됐어요.' 감사했다.

이런 생각을 하면서까지 내가 레를 방문한 이유가 있다.
한 친구와 약속을 했기 때문이다.
3년 전, 내가 여행을 하고 있는 동안
그는 열심히 취업 활동을 했고
여러 회사로부터 합격 통보를 받아 착실하게 일을 하고 있었다.

그러던 그가 어느 날 갑자기 일을 그만두고

여행을 하고 있다고.

그는 일을 그만둔 이유를 아무에게도 말하지 않았다.

무엇이 그를 그렇게 만들었을까?

오랜만에 그를 만나 이야기를 듣고 싶었다.

다음날 아침. 창문으로 들어오는 강한 햇살에 잠이 깼다.

눈을 비비며 바깥 공기를 들이마시려고 문을 열었다.

햇볕 때문에 어질어질한 눈으로 사람의 그림자를 찾았다.

"니 뭐하노!? 오랜만이네!!!!"

검은 머리카락…?

내 눈에 비친 것은 세탁물을 말리는 쇼타Shota였다.

"니 뭐하노!? 오랜만이네!!!!"

걸쭉한 간사이 지방 사투리가 인도 숙소에 기분 좋게 울렸다.

쇼타도 호객꾼이 이곳으로 데려왔다고 했다.

점심을 함께 먹은 후 산책을 하면서 서로의 이야기를 나눴다.

역시 줄곧 묻고 싶었던 질문은,

"왜 회사를 그만둔 거야?"였다.

솔직히 계약직이었던 나로서는

사회인으로 착실히 살고 있는 쇼타가 부러웠다.

그런데 쇼타의 대답은 정말이지 간단했다.

"하고 싶은 일을 찾았어."

한 권의 책과 대학 시절 끝 무렵에 간 유럽 여행이

계기였다고 한다.

그 한 권의 책은 페어 트레이드에 관한 책이었다.

페어 트레이드란 공정 무역이라는 뜻으로,

개발도상국이나 후진국에서 만들어진 제품에

공정한 가격을 매겨 판매하고

그에 알맞은 임금을 노동자에게 지급하는 일이었다.

쇼타가 여행을 떠난 이유

"뭔지 모르겠지만 '팍!' 하고 느낌이 왔었어!!

정말 생전 처음 느껴보는 감각이어서,

페어 트레이드에 관련된 일을 하고 싶다는 생각이 들었지.

그러려면 영어는 필수잖아?

유럽을 갔을 때 많은 사람들의 도움을 받았어.

다만 나는 'Thank you(고마워).'

그 이상을 말하지 못했지.

더 이야기 나누고 싶고 감사한 마음을 전하고 싶은데

전할 수가 없는 거야.

짜증 났지.

그래서 정말로 영어를 공부해야겠다는 생각이 들었어."

"그 시절 나는 데쓰오처럼

하고 싶은 일이 아무것도 없었으니까,

그래서 취직 활동을 열심히 했었어.

그리고 정말 열심히 일했어.

하지만 그때 느꼈던 기분은

일을 시작해도 사라지지 않는 거야.

… 그런데 말이야,

스스로에게 솔직해졌더니 결정이 빨리 되더라.

마음에서부터 좋아하는 일을 발견하는 건 행복한 일이잖아?

정신을 차리고 보니 이미 사표를 던지고

필리핀 유학을 신청하고 있는 내 모습을 발견했지.

그러고서는 내 영어 실력을 시험해 보기 위해

캐나다로 떠났어.

그 다음엔 페어 트레이드 제품이 많은 인도를 여행하며,

내 눈으로 직접 확인하기로 마음먹었어."

쇼타도 예후다와 같은 말을 하고 있었다.

"좋아하는 일을 발견하는 것은 행복한 일이잖아?"

솔직히 말하면 지금의 나는 아무렇지 않게

'응'이라고 맞장구칠 수가 없었다.

쇼타의 눈을 똑바로 쳐다보지도 못했다.

나 "… 하지만 카메라를 직업으로 해야겠다고 생각하면

　　돈을 벌어야만 한다는 압박 때문에,

　　사실 좋아하는 일을 지속하는 것이 힘들어."

쇼타 "데쓰오? 넌 그렇게 '해야만 해'라고

　　　압박하는 성격은 아니었잖아?"

나 "응???"

쇼타 "네 스스로 선택한 길이야. 다른 사람 탓으로 돌리지 마!"

전부, 내가 '하고 싶은' 것이었다

4년 전 나를 바꾼 인도 여행.

쇼타처럼 나에게도 '팍!' 하고 내리치던 감각이 있었다.

그것이 여행과 카메라였다.

'카메라와 관련된 일을 하고 싶어.'

'카메라로 밥 벌어먹고 살고 싶어.'

그러나 나는 '해야만 한다는' 여러 생각들의 압박에

억눌려 정작 중요한 감각을 잊고 있었다.

인생은 언제고 스스로 정하는 것인데

자신이 한 선택을 다른 이의 탓으로, 환경 탓으로 돌리며

주위를 부러워하고….

이런 식이면 내 미래를 그릴 수 없게 되는 것도 당연했다.

쇼타 "데쓰오가 호주에서 돌아와서 내게 해줬던 이야기,

　　 나는 멋있다고 생각했었어."

떠올랐다.

호주에서 처음으로 카메라를 통해 돈을 벌었던 때가.

이정표는 내 등 뒤에 있었다

호주를 여행했을 때 찍었던 사진이 잡지에 게재되어
그때부터 카메라맨의 어시스턴트 일을 하게 되었고
따로 일도 받게 되었다.
음식점 촬영이나 모델 촬영 등….
카메라를 가지고 일하면서 처음으로
'개런티'라는 것을 받았다.
뭐지, 이 기분은!?
아르바이트를 해서 받은 돈과는 전혀 다른 느낌.
'스스로' 승부를 겨뤄 이긴 결과로 얻은 돈.
주체할 수 없을 만큼 기쁜 마음에,
집에 가는 길에 맥주를 사가지고
혼자 마시면서 돌아갔었지.

나 "쇼타! 생각났어! 내가 하고 싶었던 일!!"
쇼타 "내가 봤을 때

　　　데쓰오 너는 이미 제대로 앞으로 나아가고 있어."

나아갈 길이 보이지 않는다? 당연한 소리다.
주위를 돌아보며 손을 내밀어 봤자

거기에는 애초에 아무것도 없다.

내가 계속해서 찾고 있던 이정표는 내 등 뒤에 있었다.

앞으로 나아가는 동안 생겨난 발자취는, 돌아보면 언제나

내가 걸어갈 길을 나타내는 이정표가 되어 주었다.

그날은 늦은 밤까지 쇼타와 술을 마셨다.

인도의 끝에서 대학 시절의 친구와 꿈을 이야기했다.

#7
송

"스스로 결정하고 시작해.
그리고 그 선택을 즐기면 되는 거야."

Choose by yourself
and enjoy your life. - Song

Just Go！= 가보면 안다

레에 온 지 3일째. 수면 부족 때문인지 뭔지, 몸이 힘들다.
고산병은 만만치 않다.
인도에서의 내 아침밥은 과일 샐러드와 차이였다.
인도에서는 과일이 생채소보다
훨씬 안심하고 먹을 수 있는 먹거리라고 생각했다.
'과일은 껍질에 보호받고 있으니까.'

과일 샐러드와 차이로 아침을 해결하고 돌아오는 길,
버스를 기다리고 있는 한국인 송Song을 만났다.
버스가 늦어 3시간이나 기다려야 한다고 했다.
물론 아무런 일정이 없는 나는
송의 옆에 앉아 함께 버스를 기다리기로 했다.

나 "어떻게 여행을 시작하게 됐어?"
송 "건축에서 시작된 문화에 흥미가 많아.
　책이나 TV가 아니라 내 눈으로 확인하고 싶었어.
　가보지 않으면 모르는 것이 아주 많으니까.
　내 모토는 'Just Go(일단 가자)!'야.
　진짜 내 눈으로 봤을 때의 충격, 그 순간의 느낌,

모르는 세계를 알게 되는 기쁨.

여행은 내 즐거움이자 내 삶의 보람이야."

선글라스 너머로 보이는 웃는 얼굴의 송이 이야기해 주었다.

여행을 떠나는 이유는 정말로 사람마다 제각각이다.

'멋지다는 말을 듣고 싶어서.'

'한가하니까.'

모두 훌륭한 이유라 생각한다.

여행을 떠나는 이유에는 정답도 오답도 없다.

더 넓게 말해 보자면

여행에 이유 따윈 필요 없을지도 모른다.

'그럼 도대체 여행이란 뭘까?'

송에게 물어보니 도리어 질문이 되돌아왔다.

송 "데쓰오, '여행'은 왜 즐겁다고 생각해?"

여행이 즐거운 이유

나 "만남이 있으니까?"

송 "맞아. 오늘 우리의 만남도 아주 행복HAPPY한 거야.

　사람이든 건물이든 만남이 있기 때문에 걷고 싶어져.

　하지만 나는 '여행이 즐거운 이유'엔

　한 가지가 더 있다고 생각해."

나 "뭔데? 가르쳐줘."

송 "여행은 말이야,

　'내 눈으로 보고, 내 마음으로 생각'하기 때문에

　즐거운 것이라 생각해.

　여행을 하는 동안에는 먹는 것 하나

　고르는 것 하나도 내 눈으로 보고서

　'맛있을까? 괜찮을까?' 하고 생각해 본 뒤에 먹잖아?

　'이 라씨는 맛있어! 하지만 분명 배탈이 날 거야…'

　처럼 말이야.

　릭샤 하나 타는 것도 내 말로 타협해 가면서

　'속는 건 아닐까? 괜찮을까?' 하고

　스스로 생각해서 정하잖아?"

나 "그러네."

송 "그래서 여행을 즐겁다고 생각하는 게 아닐까?"

나 "확실히 그래. 다음날 무엇을 할지, 어디로 갈지도

   전부 자신이 정하기 나름이지.

   그곳에 무엇이 있는지는 모르지만."

스스로 정하기 때문에
인생은 즐겁다

송 "고른 것이 맛이 없어서 도저히 먹을 수 없었다고 해도,

   릭샤에 속아 이상한 사무소에 끌려갔다 하더라도

   자신의 눈으로 보고 스스로 생각한 결과라면

   대체로 납득을 하잖아?

   여행은 어떤 일이 일어날지 모르는 것이 당연하니까."

나 "그래서 Just Go(일단 가자)?"

송 "맞아! 그렇기 때문에 가려고 하는 길은

   전부 자기 스스로 결정하는 게 좋아.

   스스로 결정하고 시작해.

   그리고 그 선택을 즐기면 되는 거야!"

역시.

스스로 결정하고 시작하라. 인간은 그 선택을 즐기면 된다.

이 법칙은 여행에만 딱 맞는 것이 아니라

분명 일본에서 생활하는 나에게도 적용이 될 것이다.

앞으로도 나는
이 길을 걸어갈까?

배우는 일도, 스스로 하겠다고 결정했기 때문에 계속한다.

여행 또한 누군가에게 "인도에 다녀 와!"라는 말을 듣고

억지로 가면 절대로 즐겁지 않다.

스스로 결정하기 때문에 인생이 즐겁다.

정한 길을 즐길지 말지는 자신이 선택하기 나름이다.

한 발짝 떨어져서 보면

처음으로 알게 되는 자신이 걸어온 길, 발자취.

"앞으로도 나는 이 길을 걸어갈까? 괜찮을까?"

나는 그 선택을 스스로 하기 위해

다시 한 번 이곳에 왔다.

이 여행이 끝날 즈음에는 하나의 답을 내고 싶다.

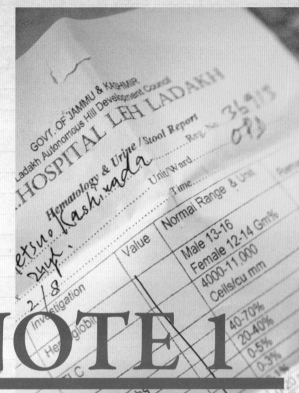

NOTE 1

간호사와 첫 합동작업

*Is there anything you
have written in your life?*

"그런 핀포인트로는
조준 못해요!"

송을 배웅한 뒤, 결국 내 몸에 한계가 왔다.
잠깐 언덕을 올랐는데 양쪽 콧구멍에서 피가 흘러나왔다.

인도인 "무슨 일이 있었던 거야!"

　　　"누구한테 얻어맞았어?"

피가 뚝뚝 흘러내리는 코를 누르며 걷는 내게
주변에 있던 인도인들이 크게 놀라 모여든다.
이럴 때, 인도인은 정말로 친절하다.
친절한 배려에는 감사하지만 좀 지나치게 야단스럽기도 하다.
모르는 사람이 본다면
이곳은 확실히 집단 구타의 현장 같을 것이다.
일단 그들이 가르쳐준 가까운 병원으로 향했다.

의사 "먼저 소변 검사부터 받으세요."

간호사인 듯한 사람에게 이끌려 화장실에 함께 들어갔다.
그런데 간호사가 내 앞에서 가느다란 병을 맨손에 들고

자세를 취하는 게 아닌가.

나 "엇!? 같이 해야 합니까????"

'빨리 하세요'라고 말하듯 눈짓을 보내는 간호사 님.

나 "그런…! 핀포인트에 조준할 수 있을 리가 없잖아요!!!!"

빗나가는 일이 있을 수 없는 것인지,

빗나가는 게 당연한 것인지.

나 "… 간호사 님 미안해요. 손이 흠뻑 젖었네요."

진단 결과는 감염증.

의사는 5일 정도 약을 먹으면 낫는다고 했다.

그런데 그가 말하길 "과일을 제대로 섭취하세요"란다.

매일 과일 샐러드를 먹고 있는데?

진료비 2루피(약 27원). 참고로 차이는 4루피(약 70원).

파격적인 진료비를 지불하고 게스트하우스로 돌아왔다.

그날 밤은 지금까지 경험해 본 적 없던 고통이 온몸을 덮쳐와

간만에 인도 세례를 받았다.

이번 여행에서 다시 길을 찾고자 했던 나를,

인도는 생각보다 쉽게 받아들여 주지 않았다.

또한 나를 쉽게 걸어 나가게 해주지도 않을 건가 보다.

고산병에서 해방

결국 약을 먹고서 저녁까지 푹 잠을 잤다.
꽤 심하게 가위에 눌려 식은땀을 흘린 덕분인지
눈을 떴을 때는 거짓말처럼 몸이 부활해 있었다.

레에 온 지 3일째인데도
이 마을의 아주 작은, 일부 중의 일부인,
숙소에서 가파른 언덕을 오르면 나오는
바자르밖에 가보지 못했다.
비탈길을 오르면 숨이 어찌나 차던지
요 3일간, 고작 수백 미터밖에 안 되는 거리가
수 킬로미터처럼 느껴졌다.
그런데 오늘은 언덕을 다 올라서도
가볍게 숨이 차올랐을 뿐.
고산병의 속박에서 겨우 해방된 것이다.
해가 지고 있어서 그 이상 가지는 못했지만
내일은 반드시 산책을 해야겠다.

#8

바르 & 파보프

"여행은 '맛보기'와 '요리'야."

Travelling is kind of tasting and cooking.

– Barre & Paboeuf

가시와다식 사회의
엄격함 무게 재기

레에서의 마지막 날.

오늘은 조금 일찍 눈이 떠졌다.

평소처럼 과일 샐러드와 차이를 주문했다.

컨디션이 좋을 때에는 여기에다

허니 토스트를 추가해 먹었다.

스스로에게도 자주 '네가 여자냐!' 하고 태클을 건다.

그러고 있는 사이, 현재 시각은 오전 8시.

일본에서 일할 때와 비교하면

결코 빠르다고 할 수 없는 시간.

나도 인도에 오기 전까진

아침 6시 전에 기상해야 했기 때문에 마지못해 일어나

아침밥도 먹지 않고 곧장 직장으로 향했었다.

일어나고 싶지 않다, 더 자고 싶다, 하지만 일어나야만 한다.

가고 싶지 않다, 쉬고 싶다, 하지만 가야만 한다.

그것이 사회였다.

어쩌면 사회의 엄격함, 삶의 엄격함은

'하고 싶다'의 수보다 '해야만 하는' 수가 이겼을 때
느끼는 것일지도 모른다.

지금의 나는 어떨까?
조금 전의 내 모습을 떠올리며 생각했다.

간신히 몸도 회복되고 해서 레의 옛 왕궁에 가기로 했다.
그곳은 레 마을의 얼굴이다.
언덕을 오르던 노중, 마을 전체가 정전이 되었다.
인도에서 정전은 늘 있는 일이라,
정전되기가 무섭게 주변의 가게는 텅 비어 버린다.
그러면 가게 주인들이 모여 책상을 꺼내고 게임을 시작한다.
그 모습을 보고 나는 웃는다.
"오늘도 정전이라 휴업!"
가게 주인은 기쁘다는 듯이 미소를 지으며
담배를 물고서는 게임에 집중한다.

여행이 좋다
그곳에서 생기는 만남이 좋다

대체로 나의 여행 스타일도 느슨한 편이다.

여행을 떠나 무엇을 할 것인지에 대한 계획은 딱히 없다.

산책을 하고, 사진을 찍고, 재미있는 가게가 있으면 들어간다.

언제나 마지막에 다다르는 곳은 길가의 차이 가게.

가게 앞에는 기본적으로 긴 의자가 놓여 있어

그곳에 앉아 천천히 차이를 마신다.

그 시간이 좋다.

의자에 앉아서 거리와 걸어가는 사람들을 보는 것이 좋다.

앉아 있으면 여행자나 현지인이 다가와

대화가 생겨나는, 그런 느낌이 참 좋다.

지금 여행을 하고 있다는 사실을

가장 잘 느끼게 해주니까 좋다.

나는 여행이 좋다. 그곳에서 생기는 만남이 좋다.

"This is the destiny(이건 운명이야)!"

레의 옛 왕궁에 갔다 돌아오는 길에
별 생각 없이 들어간 레스토랑에서 바르Barre와 파보프Paboeuf,
프랑스인 배낭여행자 커플을 만났다.
사실 이 마을에서 그들을 만난 것은 세 번째였다.

첫 번째 만남은 숙소에서 이루어졌다.
그들과 나는 원래 숙소가 같았는데
바르가 주인과 싸움이 나는 바람에 나가 버렸다.
숙소를 나가면서 인사를 하고 잠깐 시간을 내어
가볍게 이야기를 나눴을 뿐인데
분위기가 좋은 사람들이라고 생각했었다.

두 번째는 내가 병원에서 나와
반대쪽 길로 걷고 있을 때였다.
'어, 바르와 파보프잖아.' 하고 생각하면서 돌아봤다.
그쪽에서도 '저 일본인은…?' 하는
눈빛으로 몇 번이나 돌아봤다.
두 사람을 향해 손을 흔들자
그들은 일부러 내가 있는 곳으로 걸어와 주었다.

병원은 마을에서 꽤 멀리 떨어진 곳에 있었는데
이런 곳에서 마주치리라고는 생각을 못해,
서로 깜짝 놀랐었다.

그리고 세 번째.
우연히 들어간 레스토랑에서의 만남이라니.

얼굴이 마주친 순간 서로 웃고 말았다.
당연히 나는 그들과 합석했다.
"This is the destiny(이건 운명이야)!"라며,
파보프가 미소를 지었다.

"사실은 어젯밤에 네 이야기를 했었어.
인상이 정말 좋은 일본인이라고 말이지.
우리는 지금껏 일본인과 인연이 닿았던 적이 한 번도 없었어.
모두들 영어를 못하니까, 인사조차도 못할 때도 있었고!
그래서 '밥이라도 함께 먹으러 가면 좋을 텐데' 하고
생각했었어."

라며 "This is the destiny(이건 운명이야)!"의 비화를 털어놓았다.

지금의 나에게는
Thank you(고마워) 그 이상이 있다

나는 정말 기뻤다.

분명 호주로 유학가기 전의 나였다면

이런 만남 같은 건 불가능했을 것이다.

쇼타가 "Thank you(고마워) 그 이상은 없었다"고 했던 말이

머리를 스쳐 지나갔다.

이번 여행에서는 당연하게 느껴졌던 배낭여행자와의 만남이

이전의 나에게는 당연하지 않은 일이었다!!

문득 과거의 내 모습과 지금 내 모습의 차이를

다시 한 번 바라보게 되었다.

나는 무엇을 초초해하고 있었던 걸까?

그때 착실하게 그려 놓은 길을 나는 올바르게 나아가고 있다.

조금씩이지만, 결과가 나오고 있지 않은가!!

내가 인도에 돌아온 의미

적어도 지금의 나는 4년 전의 나와 다르다.
4년 전, 인도를 걷는 세계의 배낭여행자들을 보며
'멋지다'고만 말하던 나와는 다르다.

지금 나는 이렇게 제대로,
같은 여행자의 위치에서 대화를 나누고 밥을 먹고
술을 마시고 있다!

"This is the destiny(이건 운명이야)."

하지만 분명,
이 운명은 내 4년간의 기억을 되살아나게 해주었다.
어제와 오늘, 내가 인도에 돌아온 의미를
나름대로 알게 된 기분이 들었다.

"Travelling is kind of tasting and cooking(여행은 맛보기와 요리야)."

바르와 파보프는 10대 때부터 계속 여행을 하고 있다고 했다.

여행 대선배다. 바르가 말했다.

"까다로운 10대의 감정도 잘 알지.

왜냐면 나도 부모님과 연을 끊으면서까지

집을 뛰쳐나와 여행을 했거든! 그렇다고 오해하진 마!

지금은 당연히 제대로 하고 있다고!

예민했던 10대 시절의 일이야!!"

파보프가 이어서 말했다.

"Travelling is kind of tasting and cooking

(여행은 '맛보기'와 '요리'야).

많은 사람들을 만나서 이야기를 나누고,

때로는 힘든 일이나 고통스러운 일도, 물론 즐거운 일까지

그 경험 모두가 '맛보기'지.

그 경험들을 얼마나 자신의 것으로 소화해 내느냐?

얼마나 자신을 위해 '요리'해 나가는가?

그리고 그렇게 경험의 맛을 기억해 버리면

이상하게 다음 장소, 다음 나라를 맛보고 싶어져.

그게 여행이야."

나 "It sounds good(좋은 말이다)!"

'맛보기를 하듯이 여행을 한다'라.

그거 왠지 즐거운데.

어린 시절, 엄마에게 혼이 날까 봐 벌벌 떨면서도

냉장고 위 은색 통에 숨겨져 있던 과자들을 맛보려던 기억.

'엄마에게 들키지 않을까…' 하며

벌벌대던 느낌과 두근두근거리던 느낌.

결국은 과자를 먹고 싶은 욕구가 이기고야 마는, 그 감각.

여행을 한다는 건, 새로운 것을 한다는 건 분명 이런 것이다.

'무서워도 먹고 싶다' = '무서워도 새로운 것을 만나고 싶다'

스스로에게만큼은
질리고 싶지 않으니까

늘 똑같은 일상을 반복하고 있으면

자기 자신이 형편없고 하찮게 느껴질 때가 있다.

자기 자신에게서 어떠한 맛도 나지 않게 돼 버리는 때가 온다.

그럴 때, 사람은 여행을 떠난다.

그 이유는 바로 '스스로에게만큼은 질리고 싶지 않으니까'다.

바르 "계속해서 같은 맛만 먹으면 즐겁지 않잖아?"

맞는 말이야, 바르.

언제나 똑같은 나인 채로
사는 것은 따분해

같은 풍경을 계속해서 걸어가면 따분한 것처럼

똑같은 모습인 채로 인생을 사는 일도 따분하다.

지금과는 다른 풍경을 보고 싶다면

모르는 길에 발을 내디뎌야만 새로운 풍경을 만날 수 있다.

새로운 자신을 찾고 싶다면

해본 적 없는 무언가를 향해 모험을 해야만 만날 수 있다.

스스로에게 실리고 싶지 않다면

스스로에게 도전하는 수밖에 없다.

바르 "Don't be afraid to change(변화를 두려워하지 마)!"

파보프 "Cooking with your own ingredients,

　　　 your own feelings but also with people you meet.

　　　 Trying to combine a perfect mix

　　　 (너만의 소재와 감각, 그리고 만나는 사람들로 요리해 봐.

　　　 최고의 조합을 생각해 보는 거야)!"

바르와 파보프와 나, 이야기는 끝이 없었다.

만남을 뒤로 하며 우리 셋은 서로의 손을 마주 잡고

앞으로의 여행을 즐기기로 맹세했다.

나에게 필요 없는 것은
무엇일까?

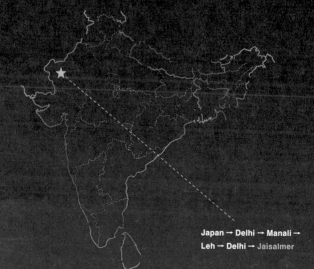

Japan → Delhi → Manali →
Leh → Delhi → Jaisalmer

나의 추리 ~'고 에어(Go Air)' 티켓
사기 사건~

아침 5시. 공항까지 나를 데려다줄 차가 왔다.

어둑어둑하고 으스스하니 추웠지만 공기가 맑은 아침이었다.

컨디션 문제도 있고 해서 델리로 돌아올 때는

사치스럽지만 비행기를 이용하기로 했다.

내가 탈 비행기는 '고 에어Go Air'.

전혀 들어본 적 없는 인도 국내선 전용의 항공회사였다.

레에서 델리까지는 이 티켓으로.

이틀 전에 게스트하우스의 주인과

티켓에 대한 이야기를 나누는데 그가 말했다.

"에어 인디아Air India에 내 친구가 있으니까

특별히 3,000루피(5만 3,000원 정도) 싸게 살 수 있게 해줄게.

네가 내야 할 금액은 모두 6,000루피(10만 5,000원 정도)야.

내가 일본인을 좋아하니까 세금은 없어(No tax).

'내 성의(It's my honest)'라고 생각해."

주인은 당당하게 말했다.

인터넷으로 알아봐도

거의 12,000루피(20만 8,000원 정도)에 달하는 티켓이

제일 싼 티켓이었다.

그래서 주인에게 부탁했었다.

그런데 내가 받은 티켓은 에어 인디아가 아닌

9,000루피(15만 6,000원 정도)의 '고 에어' 티켓이었다.

이야기했던 것과 전혀 다른 티켓에

어떻게 된 건지 되물었지만

"지금 에어 인디아에 다니는 친구가 휴가 중이라 없어!"

라며 시종일관 이 말만 되풀이해 댔다.

"OK?", "OK?" 옆 사람들에게

계속해서 물을 정도로 비행기가 무서운 나.

그런 내게 있어서

이름도 모르는 항공회사의 비행기를 탄다는 건

여간 큰 문제가 아니었다.

하지만 이미 주인이 티켓을 사버린 뒤라

이 이상 말해 봤자 아무것도 바뀌는 게 없기 때문에

어쩔 수가 없었다.

티켓값도 '내 성의야(It's my honest)'라며

불렀던 액수보다는 높았지만

후에 인터넷으로 조사해 보니 주인이 말한 금액은 옳았다.

'아마 주인은 애초에 에어 인디아에 다니는
친구 같은 건 없었을 것이다.
자존심 때문인지 멋진 모습을 보이려고 한 말인데
에어 인디아의 높은 요금에 깜짝 놀라
급하게 '고 에어'로 바꾼 게 틀림없다.'
티켓에 대한 나의 추리다.

결과적으로는 비행기도 예상외로 깨끗했고
무사히 델리에 도착해 다행이었다.
버스로 3일이나 걸렸던 길이 비행기로는 단 1시간 남짓.
젠장, 무서워도 비행기가 훨씬 편했다.
자, 이제 다음 거리로.
며칠 전, 4년 만에 델리를 걷던 때보다
확실히 내 마음은 앞으로 나아가고 있었다.

#9

프렘

"인생은 될 수 있으면 가벼운 것이 좋아."

In life, you should be as light as feather.

- Prem

알몸의 프렘

수도 델리로 돌아오니 레에서 느꼈던
시원함이나 건조한 느낌은 전혀 없고
장마처럼 끈적끈적한 무더위가 돌아와 있었다.
내가 머물 곳은 제일 처음 델리에 도착했던 날 묵었던 숙소.
이곳에서 또 한 번의 굉장한 만남이 있었다.

프렘Prem이라는 칠레인 배낭여행자.
게스트하우스 안쪽 한편에서 알몸으로 의자에 걸터앉아
명상을 하고 있었다.

나 "저 사람은 어떤 사람이에요?"
주인 "바라나시에서 짐을 전부 도둑맞았대!
　　　지금은 여기서 새로운 여권을 기다리고 있는 중."

점심 식사를 끝내고 게스트하우스로 돌아오니
명상을 하고 있던 그가 보이질 않았다.
그가 묵는 곳의 방문이 열려 있어
'똑똑' 노크를 하고선 안으로 들어갔다.
가만히 누워 있던 프렘이 몸을 일으키며

나를 맞아 주었다.

여러 가지 질문 공세를 펼치는 사이 서로 어느 정도 친해지자
그는 자신에게 일어난 일의 진실을 내게 말해 주었다.

사실 그는 짐을 전부 '도둑맞은' 것이 아니라
'일부러 버린' 것이었다.

프렘 "여권, 돈, 카드까지 전부 버렸어.

　　　남긴 것은 바지와 셔츠. 그리고 노트와 사진 정도지."

프렘이 여권을 버린 이유

나 "왜 버렸어?"
프렘 "내가 어떤 놈인지를 확인하기 위해서."
나 "무슨 말이야?"
프렘 "한번 나를 버려보고 싶었어.

　　　돈, 일, 여자친구, 나를 둘러싼 모든 환경 속에서

　　　나는 그저 흘러가고 있는 게 아닌가 하는

생각이 들었거든. 나는 도대체 뭘까?

무엇을 하고 싶은 걸까?

고민을 하다가 인도라는

신비한 나라에 이끌려서 오게 됐지.

여기서 이전의 나를 버리고 여행하며

진짜 나를 찾기로 결심했어.

그래서 불필요한 것들을 버린 거야."

… 일본에서 자주 듣던 '나를 찾는 여행'과는 차원이 다르다.

"조금이지만,
내 삶의 길이 보였어."

나 "짐을 전부 버리고 나니 어땠어?"

프렘 "모두들 정말 친절했어.

짐을 버린 날부터 당연히 밖에서 노숙을 했고

아무것도 먹지 못했지.

바라나시에서 갠지스 강을 따라 떠돌았었어.

… 그리고 그런 나를 도와준 것은

돈 많은 관광객도, 배낭여행자도 아니라,

그곳에 살고 있는 가난한 인도인이었어.

그들도 집이 없는데 말이야!

비를 피할 장소도 가르쳐 주고 밥도 나눠 줬어.

그리고 나는 바라나시에서 델리까지

전차로도 12시간이 걸리는 거리를

무일푼으로 올 수 있었지.

행복은 돈도 아니고,

갖고 싶은 것을 모두 갖고 있는 것도 아니야.

바로 내 마음속에 있다는 것을 깨달았어.

노상생활을 하고 있는 인도인들은

그 누구도 자신을 불행하다고 생각하지 않더라.

내가 행복하다고 생각하면 그게 행복!

무엇이 내 행복인지를 알게 되었지.

조금이지만, 내 삶의 길이 보였어."

프렘의 웃음 가득한 얼굴은 정말이지 경쾌하게 들떠 있었다.

모든 것을 버린 사람의 얼굴이라고는

전혀 생각하지 못할 만큼

내 눈에는 버린 것보다 얻은 것이 훨씬 많아 보였다.

프렘 "세상에는 내게 필요한 것도 많지만,

　　　반대로 필요 없는 것 또한 넘쳐나.

　　　하지만 사람 욕심이라는 게 끝이 없어서

　　　'전부 갖고 싶다'며 떠안지.

　　　그래서 늘 무게가 늘어나기 때문에

　　　걸을 수 없게 돼버리는 거야."

프렘의 이야기를 듣고 생각했다.

'여행'이란 '무언가를 버리러 가는 일'일까.

<월리를 찾아라!*>도 마을을 이동할 때마다

무언가를 떨어뜨리며 가는데

어쩌면 그것이 여행일지도 모르겠다.

백팩에 가득 채운 짐을 비우고서

어쩌면 여행이란

'내게 필요 없는 것'을 버리는 시간일지도 모른다.

* 사람이 많이 그려진 그림 속에서 빨간 줄무늬 티셔츠와 모자를 쓴 월리를 찾는 게임이다.

백팩에 채워온 짐과
내 마음속에 들어 있던 필요 없는 것을 텅 비우는 일.
그것이 여행의 결승점일지도 모른다.

"인생은 될 수 있으면 가벼운 것이 좋아."

프렘의 말이 내 마음을 가볍게 했다.
가벼운 쪽이 걷기 쉽다.
자빠져도 다시 일어나기 쉬울 테니.

필요 없는 것은 '사람의 눈'이다

내게 필요한 것은 무엇일까.
필요 없는 것은 무엇일까?

사실 내게 필요 없는 것은 이미 알고 있다.
'사람의 눈'이다.
타인의 눈으로 도쿄에서 발버둥치는 나를 보면
'24살이나 돼 가지고 아직도 그런 거나 하고 있어?'라고 생각할 것이다.

마음이 우울해지면 곧바로 튀어 나오는 '또 다른 나'는

틀림없이 '빨리 포기하면 편안해질 텐데'라고 말할 것이다.

앞으로 나아가지 못하는 나를 보는 수많은 '눈'.

그리고 그 시선을 신경 쓰는 나.

늘 따라다니는 여러 시선 탓에

걷기 힘들고 살기 버겁다면

타인의 눈을 끌기 위한 치장은 필요 없다.

'또 다른 나 자신'의 눈을 속이기 위해 만든

자존심 따위 이제 더는 필요 없다.

내게 필요한 것은

눈앞에 펼쳐질 내 길을 발견하는 '나의 눈'뿐이다.

디즈니랜드와
라자스탄 주의 기적

*Is there anything you
have written in your life?*

딘의 즐거움

그나저나 우리(나와 딘)는 지금 델리를 경유하여

라자스탄 주Rajasthan에 와 있다.

(딘과는 이상하게 마음이 잘 맞아 줄곧 여행을 함께하고 있다)

델리에서 훨씬 더 서쪽에 위치한,

파키스탄과 국경이 맞닿아 있는 사막 마을.

현지인의 얼굴색이 다른 지역의 인도인들보다

더욱 짙고 피부색도 검은색에 가까웠다.

발 빠르게 숙소를 정하고

샤워를 끝내고서 또 다른 장소로 이동.

딘이 말한다. "일단 가보면 알게 돼."

이 마을에는 여행객의 모습이 보이지 않는다.

그래서 반대로 우리가 신기한 모양인지

현지인이 계속해서 말을 걸어온다.

게다가 대부분의 사람들이 힌디어로 말을 건다.

이것은 정말이지 희한한 경험이다.

델리에 있었을 땐, 인도인이 말을 걸어오는 목적이

결국 돈이거나 사기가 대부분이었다.

그런데 이곳 사람들은 이야기가 끝나면 생글거리는 얼굴로

"그럼 또 봐"라고 말하며 멀어져 갔다.

마을의 아이들도 외국인이 신기했는지 악수를 청해 왔다.

그럭저럭 점심을 해결하고 차이를 마시며

휴식을 취한 후 건너편의 이상한 건물로 향했다.

'절 같은 건가…?'

지붕에는 무수히 많은 비둘기들이 앉아 있었다.

왠지 자꾸만 싫은 예감이 들었다.

새똥에 맞지 않기 위해 위를 쳐다보며 조심해서

안으로 들어가려는데

마지막으로 아래를 내려다본 순간 '툭'.

내 머리에 똥이 떨어졌다.

나 "악! 최악이야!!"

딘 "Good luck(행운을 빌어)!"

그는 웃으면서 내 어깨를 다독였다.

뒤이어 내가 한 발짝 내딛은 순간,

이번에는 건물 틈 사이로 쥐가 튀어나왔다.

"딘! 이번엔 쥐야!!!!"

…???? 말을 해줘도 딘은 아무런 동요가 없었다.

"놀랄 일은 이제부터라고!"

딘 "시궁쥐!? 그게 어쨌는데???

　　시궁쥐 한 마리나 두 마리, 그건 아무것도 아니야!

　　Don't worry(걱정하지 마)! 놀랄 일은 이제부터라고!"

나 "뭐? 무슨 말이야!?"

딘 "자, 앞으로 가자!"

안으로 따라 들어가니 딘이 한 말의 의미를 알 수 있었다.

그곳에는 몇 천 마리나 되는 엄청난 수의 시궁쥐들이

눈앞에서 돌아다니고 있었다.

정말로 있었다! 디즈니랜드!!

딘 "데쓰오! 디즈니랜드에 온 걸 환영해!!!!!"

나 "냄새가 너무 고약하고 더러워, 딘!!

　　화장실 청소가 제대로 안 되어 있는 것 같은데!?

위생 면에서 괜찮은 거야?"

딘 "이런 거야! 인도판 디즈니랜드는!"

나 "아, 그래! 이곳이 진짜 디즈니랜드네!"

그랬다. 이곳은 쥐들의 절이었다.

인도에서는 쥐를 코끼리 모습을 한 가네샤 신의

이동수단으로 생각해 소중하게 여기는 듯했다.

우유를 얻어 마시거나 공물을 먹고 뒤룩뒤룩 살이 쪄서는

사람을 봐도 동요하지 않고 벌렁 자빠져 자는 쥐들.

이곳은 시궁쥐의 천국 같았다.

이곳에 오면 '시궁쥐처럼 아름다워지고 싶어'*라는

마음 같은 건 절대로 생기지 않을 것이다.

이곳은 시궁쥐의 유토리(ゆとり, 여유)** 사회다….

유토리 교육의 공포를 뼈저리게 느끼면서

딘에게 감쪽같이 속은 것이 분했다.

* 우리나라 여배우 배두나가 출연해서 화제가 되기도 한 일본영화 〈린다 린다 린다〉의 삽입곡인 블루
하츠(THE BLUE HEARTS)의 '린다 린다' 도입부 가사이다. 일본에서는 모르는 사람이 없을 정도로 유
명하며, 영화 속 여고생 밴드가 비를 맞아 흠뻑 젖은 채 물에 빠진 생쥐 꼴로 무대에 올라 부르는 노래
이다.

** 일본에서 실시된 교육방침으로, '여유 있는 교육'을 뜻한다. 2002년부터 공교육에 본격적으로 도입
되었다. 과도한 주입식 교육을 지양하고 창의성과 자율성 존중을 표방하며 학교 수업시간을 줄이는
방식으로 진행되었다. 그러나 기초학력 저하 현상 등 부작용이 심화돼, 2007년 정책 실패를 인정하고
다시 학력강화 교육방침으로 선회하였다.

하지만 진짜 사건은 집으로 돌아가는
버스 안에서 일어났다.

나를 속인 딘에게 하늘이 천벌을 내린 것이다!!!!

버스에서 내린 순간 주머니를 뒤지며 딘이 외쳤다!
"Shit! I lost my wallet(젠장! 버스에서 지갑을 잃어버렸어)!!"

천벌의 행방

하지만 뒤늦은 외침일 뿐이었다. 버스는 이미 떠나고 없었다.
그리고 버스에는 많은 인도인들이 타고 있었다…
딘은 빠르게 포기했다.
왜냐하면 이곳은 인도니까.
도둑에게도 등급이 있다면 그들은 마스터 클래스니까.

하지만 나는 포기하지 않았다.
옆에 정차해 있던 릭샤를 붙들고서
방심한 상태인 딘을 억지로 끌고 탔다.
그리고 나선 버스가 떠나간 방향을 가리키며

릭샤를 달리게 했다.

하지만 이 운전사, 영어가 안 된다.

이런 때야말로 보디랭귀지다!

어떻게 알아들은 모양인지 그는

버스 정류장을 순회해 주었다.

하지만 그 어느 버스 정류장에서도 버스는 보이지 않았다.

마지막으로 버스 종점에 도착했다.

릭샤 운전사가 그쪽 사람에게 사정을 전해 주었다.

버스가 정차된 곳을 알게 된 우리는 릭샤를 타고 달렸다.

그리고 마침내, 우리는 타고 온 버스를 발견했다.

라자스탄 주의 기적

릭샤에서 내려… 이제부터, 후에 전설처럼 전해져 내려올

'라자스탄 주의 기적'이 시작되었다.

정차해 있던 버스에서

우리 쪽을 향해 손을 흔드는 사람이 있었다.

"그 사람이다! 우리가 타고 있던 버스의 운전사야!!"

우리는 백팩이 꽤 무거운 데도 아랑곳하지 않고 냅다 뛰었다.

주변 풍경이 슬로모션처럼 지나간다.

목표는 운전사의 손끝에 보이는 검은 사각 물체.

… 기적이 일어났다! 운전사 아저씨의 손에는

딘의 지갑이 들려 있었다.

이것은 기적이다!

내 머리에 똥이 떨어진 것보다 100배 정도 더한 기적이다!

게다가 내용물도 고스란히 그대로!

"뭐야, 무슨 일이야!?" 사람들이 모여들자 힌디어가 난무한다.

알고 보니 모두들 지갑 찾은 것을 기뻐해 주고 있었다.

나는 모두의 기쁨을 찰칵, 1장의 사진에 담았다.

아는 체하는 사람은
되고 싶지 않다

… 라자스탄 주의 기적이라 불렀지만

지금 생각해 보니

그들에게 실례였는지도 모르겠다는 생각이 든다.

우리가 자주 만나는

'사람을 속이는 인도인', '생트집 잡는 인도인'.

사실 그들은 전부 여행자가 만들어 낸 인도인일 것이다.

실제로 여행자가 없는 마을에는 그런 인도인이 없었다.

이것은 기적이 아니라

일본에서 느꼈던 당연함과 같은 것이었다.

나는 지금까지 진짜 인도인의 모습을

보려고 하지 않았던 것일지도 모른다.

인도 = 빈곤, 인도 = 바가지 씌우기, 인도 = ….

세상에는 이와 같은 착각들이 가득하다.

아주 작은, 일부에 불과한 정보로

세상을 다 아는 것 같은 기분 말이다.

인터넷 덕분에 많은 것을 알게 되었지만

지금 세상에는 아는 체하는 박사들이 넘쳐난다.

내가 모르는 세상이

이렇게나 버젓이 존재하고 있는데 말이다.

피부로 느끼지 않으면 모르는 것들이 얼마나 많은데.

아무것도 모르는 바보는 괜찮지만

아는 체하는 사람만은 되고 싶지 않다.

정말로, 이곳 사람들은 친절하고 따뜻했다.

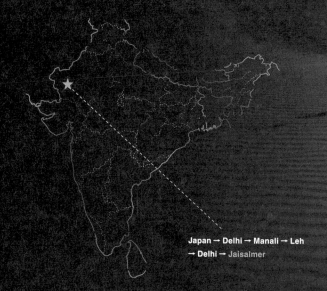

STAGE 4

내게 가장 소중한 것은 무엇일까?

Japan → Delhi → Manali → Leh
→ Delhi → Jaisalmer

실연 문자

'좋아하는 사람이 생겼어. 그 사람과 사귀고 있어.
너는 문자도 전화도 안 해도 돼. 힘내.'

그녀에게서 온 문자였다.
8월 8일은 내게 있어 정말로 힘든 날이 되었다.
아침 5시 반에 출발하는 버스에 올라 더욱 더 서쪽으로,
자이살메르Jaisalmer라는 마을로 향하는 버스 안에서,
만원을 이루고 있는 사람들의 열기에 나는 눈을 떴다.
그리고 핸드폰에 문자가 한 통 와 있다는 것을 알았다.

자이살메르에 도착.
가랑비가 내리고 마을은 정전을 반복하고 있었다.
비는 부슬부슬, 마음은 훌쩍훌쩍.
불빛은 껌벅껌벅, 마음은 따끔따끔.
모든 것이 내 심정을 대변하는 것만 같았다.
컴컴한 게스트하우스의 침대 위,
혼자 우두커니 천장을 바라보며 울었다.
하루 종일을 울었다. 살면서 가장 많이 울었다.
가슴속에서 후회가 밀려왔다. 정말로 사랑했던 여자였다.

그녀와는 호주를 여행하던 중에 만났다.

그녀 또한 배낭여행자였다.

내가 버스 정류장의 벤치에서 노숙을 하고 있었는데

아침에 첫 번째로 도착하는 버스가 왔다.

내가 자고 있던 벤치 앞에 정확히 맞춰 버스의 문이 열렸고,

그녀가 내렸다.

"처음 뵙겠습니다."

그녀는 깜짝 놀랐다.

버스에서 내린 순간 처음으로 맞이한 풍경이

부랑자 같은 일본인이라니,

게다가 호주의 벤치에서 자고 있었으니까.

나 "앗! 미안합니다."

그녀 "아! 괜찮습니다."

이른 아침이라 아직 문을 연 가게가 없었고

게스트하우스에도 체크인을 하지 못해,

그녀는 백팩을 내려둔 채 옆 벤치에 앉았다.

나도 침낭을 정리하고서 한숨을 돌렸다.

어색한 분위기를 깨고자 내가 먼저 말을 건넸다.

"처음 뵙겠습니다."

대화를 나누다 보니

그녀는 이틀 후 일본으로 돌아갈 예정이라,

"그럼 그때까지 이틀 동안 함께 케언스Cairns를 돌아요!"

라고 이야기가 되었다.

그녀는 나의 가장 큰 이해자였다

케언스의 바다를 돌아보고

맹그로브가 우거진 예쁜 장소에서 사진을 찍고

'야생 악어를 보러 가자!'며 정글에 들어갔지만

결국 악어는 만나지 못하고

비가 내리는 바람에 흠뻑 젖어 버린 모습을 보고

서로 웃음이 터졌다.

마지막 날 밤 그녀가 "감사의 표시"라며

유명한 레스토랑 뷔페를 대접해 주었다.

정말로 멋진 미소를 가진 사람이었다.
얼굴이 엉망이 되는 것을 전혀 신경 쓰지 않으면서
큰 입을 더욱 크게 벌려 웃는다.

나는 그녀의 웃는 얼굴에 단번에 사로잡혀 버렸다.

그녀는 나의 가장 큰 이해자였다.
내가 카메라로 먹고 살아가겠다는 것을
제일 가까이서 응원해 준 사람이었다.
나보다 연상이라 주변에서는
결혼하라고 부추기는 일도 다반사.
결혼도 하고 싶고 아이도 갖고 싶었을 텐데
그녀는 무엇보다 내 일을 가장 먼저 생각해 주었다.

나는 그런 그녀를 괴롭혔다.
언제나 내 일에만 정신이 팔려서는
내 멋대로 그녀를 밀쳐 냈다가 사과하며 돌아갔었다.
계속 되풀이되던 상황들.
후회만 가득할 뿐이다.

도망만 치고 있던 것은 나였다

말다툼이 일어날 때면 그녀는 화를 내며

"나 갈래!"라고 소리치고는 역으로 향했다.

나는 그녀의 손을 잡지 않았다.

마지막 전철이 떠났을 때쯤 그녀에게서 전화가 온다.

"지금 어디야?" 그녀가 묻는다.

전차를 타지 않고 계속 나를 기다리고 있었던 것이다.

그렇게 언제나 변함없이 내 곁으로 돌아와 주었다.

호텔에서 다투던 날, 나를 때리며 울면서

"헤어져!"라고 소리치고는 떠난 밤에도 그녀는 돌아왔었다.

그녀는 도망치지 않았다.

완고하지만 언제나 나를 마주 보고 있었다.

오히려 도망만 치고 있던 것은 나였다.

내 미래에 대한 불안에서도, 그녀에 대한 책임에서도.

또렷하게 보이기 시작했던 길이
또다시 보이지 않게 되었다

그녀가 좋았다. 그녀 앞에서 나는 응석꾸러기였다.

인도에 오기 전에도 그녀는

"오늘 만날까?"라며 내게 기회를 주었다.

하지만 나는 그 많은 기회를 다 놓치고 말았다.

그리고 여행 한가운데서 받은 이 문자.

이렇게 되리라고는 상상조차 하지 못했다.

평소처럼 인도에서 돌아가면

내 앞에 나타나 줄 거라 생각했다.

내 인생의 앞날을 찾고 싶어 인도에 왔는데,

마음은 앞으로 나아가기 시작했는데

지금 내게는 길이 보이지 않는다.

함께 세계를 보고 싶었는데. 세상을 공감하고 싶었는데.

여행에서 만난 배낭여행자 커플이나 부부 들처럼

함께 세계 일주를 하고 싶었는데.

멋진 포토그래퍼가 되어 그녀를 행복하게 해주고 싶었다.

스스로도 그렇게 생각하고 있었고 그녀도 바라고 있었는데
나는 정말로 어린애였다.

나 때문에, 내가 뿌린 씨앗으로 소중한 사람을 잃었다.

인도 여행은 내게 무엇을 전하려는 걸까?

분명 보이기 시작했던 길이,
이제야 믿을 수 있게 된 길이
또다시 보이지 않게 되었다.

객기라 하더라도
앞으로 나아가지 않으면

'시간이 해결해 준다.'
'그녀를 잊을 수 있다'는 말인지,
아니면 '아픔이 추억으로 변한다'는 말인지.
좋은 말이긴 하지만
지금의 내게 그런 무서운 일은 일어나지 않는다.
시간이 흐른 뒤의 마음보다

지금의 이 기분을 소중히 하고 싶다.

자이살메르에 왔지만
하루 종일 울면서 방안에 처박혀 있었다.
내가 걱정됐던 딘은
나를 캐멀 사파리 1박 코스에 데려가 주었다.
혼자 있고 싶은 기분이었지만
어차피 혼자 있어 봤자
우울하게 있을 뿐이라는 사실을 알기에
캐멀 사파리로 향했다.

객기일지도 모르겠지만 앞으로 나아가지 않으면 안 되었다.
억지로라도, 몸만이라도 움직이지 않으면 안 되었다.

특효약은 포의 한숨

자, 다시 기운을 내자.
자이살메르에는 캐멀 사파리가 유명하다.
낙타를 타고 사막을 돌며

별이 빛나는 하늘 아래서 잠을 잔다.

'여름이 끝났다'고 해도 자이살메르는 더웠다.

낮에는 40° 가까이 기온이 오르고 습기도 없다.

한낮에는 너무 더워서 밖을 돌아다닐 수가 없다.

낙타와의 합류 장소에 도착하니

귀여운 낙타들이 우리를 기다리고 있었다.

내 낙타는 약간의 갈색 빛을 띠는 '포'라는 아이.

인사의 의미로 풀을 주니 기쁘다는 듯이 먹는데

내뱉는 숨이 너무 고약해서 참을 수가 없었다.

차갑게 식어버린 내 마음을 요동치게 해주는 데에는

좋은 약이었다.

포에 올라탄 뒤 3시간을 걸어 사막으로 향했다.

낙타의 등은 생각했던 것 이상으로 높았다.

그렇게 우리는 작열하는 태양 아래서 걷기 시작했다.

낙타를 타고 처음으로 두근두근 마음이 설레었다.

하지만 그것도 초반 30분뿐.

뜨거운 태양 아래서 있은 지 1시간, 2시간이 지나자

머리는 멍한 상태가 되었고

어느샌가 그녀에게 차인 여운만이 머릿속에서
계속 맴돌았다.
캐멀 사파리 같은 건 어찌 되든 더 이상 상관없으니
침대 위에서 혼자 울게 해달라고,
생각하게 해달라고 하고픈 마음뿐이었다.

빛나는 사막의 고독한 밤

사막에 도착하자마자 가이드는 차이를 끓여 주고서
저녁밥 준비를 시작했다.
포와 그의 친구들도 내일 돌아가기 전까지 푹 쉰다.
햇볕이 작열했던 세상도 날이 저물자
시원한 바람이 불기 시작했고
동쪽 하늘에선 별들이 서서히 얼굴을 내밀었다.
가이드들이 만들어준 카레를 먹는 사이
주변은 캄캄해졌다.
약간 흐렸지만 밤하늘에는 별들이 빛나고 있었다.
사막 위에 담요를 깔고 고개를 들어 별을 바라보았다.
시원하게 불어오는 바람결에 잠이 든다.

별이 총총한 밤하늘을 보며

캄캄한 어둠 속에서 잠이 들기까지의 시간.

평소의 나라면 별들이 반짝이는 하늘 속에

앞으로의 내 모습을 그렸을 것이다.

하지만 오늘은 그저 마음이 쓸쓸하다.

슬퍼졌다. 아무런 말도 나오질 않았다.

이 풍경을 그녀와 함께 보고 싶다는 생각이 멈추질 않았다.

고독한 사막의 밤이었다.

내가 있을 곳은 어디일까?

Japan → Delhi → Manali → Leh
→ Delhi → Jaisalmer → Rishikesh
→ Varanasi

소똥 밟지 않기 기록이 멈추다!?

낙타들과 작별 인사를 나누고 사파리에서 거리로 돌아왔다.
오늘로 자이살메르와도 안녕이다.

실연의 아픔으로 거리를 한 번도 돌아보지 않았었기 때문에
오늘은 산책을 나서기로 했다.
좁은 도로는 오토바이와 소, 사람들로 가득해
몹시 혼잡스럽다.
아래를 보지 않고 걷던 나는
이번 여행에서 처음으로 소똥을 밟고 말았다.
그것도 뜨뜻미지근한 방금 싼 소똥을 정중앙에서부터.

'젠장! 여행하는 동안 소똥을 밟지 않고
돌아가겠다는 거창한 꿈이 있었는데.'
나의 '소똥 밟지 않기 기록'은 이렇게나 빨리 중단되고 말았다.

왠지 이제는 소똥을 밟아도 더 이상 아무렇지 않은 느낌.

이곳에 멈춰 서서 울고만 있어 봤자
분명 그녀는 기뻐하지 않을 것이다.

이곳에 멈춰 서서 울고만 있는다면
이번 여행 끝에 남은 것은 울기만 했다는 후회뿐일 테다.

지금, 나는 인도에 있다. 지금, 나는 여행을 하고 있다.
지금, 나에게는 중요한 것이 있다.

지금, 내가 해야만 하는 것은
앞으로 나아가며 사진을 찍고 여행을 하는 일이다.
완전히 시들어 버린 마음을 짜내어 나온 말.
오늘은 그렇게 믿을 수밖에 없다.
내일도 그렇게 믿으며 갈 수밖에 없다.
믿을지 말지 정도는 언제나 내 자유니까.

내일부터 다시
나의 새로운 여행이 시작된다

더위에 졌다고, 실연에 졌다고,
그렇게 말할 수야 없지!
안녕! 자이살메르!

JAISALMER
IRCTC Ltd.Booked Ticket Printing
Page 1 of 1
IRCTCs e-Ticketing Service
Electronic Reservation Slip (Personal User)

안녕! 실연 문자!

낙타에 올라탔던 땅이 아닌

그녀에게 차였던 이 땅을 나는 평생 잊지 않으리라!

내일부터 다시 나의 새로운 여행이 시작된다.

내 마음은 앞으로 나아가야 한다.

#10
나탈리

"세상은 마치 한 권의 책과 같아."
The world is just like a book. - Natalie

나탈리의 투쟁

인도의 최서단에 위치한 자이살메르에서
델리로 돌아오는 전차 안에서
캐나다인 배낭여행자 나탈리Natalie를 만났다.

나탈리는 결혼을 했지만 혼자서 인도를 여행하고 있었다.
이미 몇 십 군데의 나라들을 여행하고 왔다고 했다.
그래서 지저분한 전차도, 자신의 좌석에 모르는 인도인이
여러 명 앉아 있어도 동요하지 않았다.
"이곳은 내가 산 좌석이에요. 비켜주세요!
당신들이 티켓을 가지고 있지 않다는 것쯤은 알고 있어요.
이곳이 인도라는 것도 잘 알고 있죠.
하지만 내게는 안 통하니까 비키세요!!"

릭샤를 빌릴 때도, 옆에 다가온 운전사에게 이렇게 말했다.
"너무 비싸! 좀 더 싸게 갈 수 있잖아요!"
"미안해요! 당신에게는 볼 일 없어요."
"정말이지! 끈질기게 말하지 마요!"

다가왔던 운전사들이 오히려 한 걸음 물러나고 만다.

그렇다, 그녀의 직업은 변호사다.

예쁘장한 얼굴의 그녀는 아주 파워풀했다.

되돌아보는 것은 간단하다?

20시간을 이동하는 동안, 그녀는 줄곧 나와 함께 있어 주었다.

인생에 대한 고민으로 여행을 시작한 일,

바로 얼마 전 애인에게 문자로 차인 일….

내 이야기를 하자 나탈리는 좀 전과 정반대의 얼굴을 하고서

참 따뜻한 말투로 내게 멋진 이야기를 들려주었다.

그녀에게서 흘러나오는 말이 내 마음에 스으- 하고 들어왔다.

나탈리 "'학교를 졸업하고 일을 하다 죽는다.'

　　　 만약 우리에게 그것뿐이라면

　　　 인생을 되돌아보는 것은 간단한 일일 거야."

나 "'그것뿐'이라는 게 무슨 말이야?"

나탈리 "데쓰오? 이 세상은 마치 한 권의 책과 같아.

　　　 여행을 하면서 한 페이지씩

자기 나름대로 해독해 가는 거지."

나 "???"

나탈리 "데쓰오와 나의 만남도 그 한 페이지야.

우리는 이렇게, 지금도 그 한 페이지를

한창 해독해 나가고 있는 중이지.

그 페이지가 나에게 두근거리는 설렘을 줄지,

슬픔을 줄지, 자극을 줄지는

읽어보지 않으면 알 수 없어."

"그렇게 해서 한 페이지, 한 페이지 읽어 나가다 보면

자신이 어떤 사람인지, 무엇을 좋아하는지,

무엇을 하면 즐거운지, 진짜 자신이 보이게 돼.

학교를 졸업하고 일하다 죽는,

그것만이 다가 아닌 인생이 너에게도 반드시 있어."

세상은 한 권의 책인가….

나는 하나의 이야기로 내 인생을 살아가고 있는 것일까….

아직 '시작하며'에 지나지 않는다

나탈리 "데쓰오. 눈을 감고 상상해 봐.

네가 지금 고민하고 있는 것은

책의 '시작하며' 부분에 지나지 않아.

너의 진짜 이야기는 이제부터야.

지금은 슬픔밖에 보이지 않을 수도 있지만

이제부터는 분명 즐거운 이야기가 조금씩 보일 거야.

미래에 대한 불안도 실연도 감당하기 힘들겠지만…

초조하게 굴지 마. 세상이라는 책은 아주 두꺼우니까!"

그런가…, 지금 내 여행은 '시작하며' 단계인가?

내가 나아가야 할 길을 헤매다 인도까지 와서는 울고 있다.

내 책의 '시작하며'는

읽는 데 참으로 오랜 시간이 걸리는 책이 아닌가!

어제에 웃으며 내일에 두근거리는 것!

자, 고민으로만 가득한 '시작하며'는 이제 끝.

세상이라는 두꺼운 책 제1장의 시작이다.

애써 인도로 돌아왔으니 최고의 이야기를 만들어 볼 테다!

오늘 야간버스를 타고 나는 리시케시Rishikesh로 향한다.

그 끝에 무엇이 기다리고 있을지는 모르지만

주인공이 누군지만은 알고 있다.

소중한 그녀를 잃고 앞이 보이지 않게 돼 버린, 바로 나!

내 인생에 대한 상담만 잔뜩 해버렸다.

멋진 이야기를 듬뿍해준 나탈리, 그녀의 이야기가

궁금해져서 나는 한 가지 질문을 던졌다.

"What is your dream(네 꿈은 뭐야)?"

"To be happy with yesterday and excited for tomorrow

(어제에 웃으며 내일에 두근거리는 것)!"

그녀는 끝까지 내게 용기를 주는 말을 해주었다.

열차는 20시간 동안 델리를 향해 서쪽으로, 서쪽으로.

한 실연 배낭여행자의 이야기를 태우고서 달렸다.

#11
이노쉬

"내 마음에게 거짓말을
하고 있지 않은가?"

Are you lying to yourself? - Enosh

만남은 도미토리 안에서

델리를 경유하여 그대로 나탈리와 함께 리시케시로.
아침 5시가 넘어서 역에 도착했다.
이곳은 델리에서 북쪽으로
6시간 떨어진 곳에 위치한 요가의 성지로,
성스러운 강이라고 불리는 갠지스 강도 흐르고 있다.
목욕을 하기 위한 가트(강변 계단)도 존재한다.
인도의 배낭여행자들은 갠지스 강을 따라 이동하며
이 거리에서 편안한 휴식을 취한다.

나탈리가 묵는 숙소는 내겐 조금 비쌌기 때문에
근처에 있는 싼 숙소로 이동했다.
나탈리와는 여기서 안녕.
내가 간 숙소에는 더블베드인 방만 남아 있는 바람에
사치스럽지만 그 방에서 혼자 묵기로 했다.

보통 내가 묵는 숙소는 도미토리. 통칭 '도미'라고 한다.
도미는 뭐니 뭐니 해도 싸다.
대체로 싱글 룸의 절반 가격.
한 방에 침대가 나란히 놓여 있어

다양한 사람들과 함께 일어나고 잠이 든다.

도미에는 좋은 점도 있고 나쁜 점도 있다.

우선 개인적인 시간이 없다.

내가 잠을 자고 싶어도 주위에서

시끄럽게 떠들고 있으면 잘 수가 없다.

'언제 불을 꺼야 하나' 이 타이밍을 잡기가 매우 어렵다.

더욱이 도미 안에서 나만의 공간은 침대뿐이다.

물론 가지고 있는 짐도 침대에 놓아둬야 하기 때문에

방심하고 있다간 도둑맞기도 한다.

… 생각해 보니 나쁜 점들만 늘어놓았는데

그래도 여행자와의 만남은 이 도미토리 안에서 생겨난다.

여행하는 의사

리시케시에서 내가 묵은 게스트하우스에는

방 앞에 의자와 책상이 몇 개 놓여 있어

여행자가 모일 수 있는 공간이 있었다.

그곳에 앉아 트럼프를 하고 있던 사람들 중 한 명이

이스라엘인 이노쉬Enosh였다.

이노쉬는 직업이 무려 의사였다.

나 "여행을 오기 전에 무슨 일을 했어?"

이노쉬 "나는 의사였어."

나 "의사…인데 어째서?"

이노쉬 "의학부에서 학위를 딴 후

　　　이스라엘 병원에서 1년간 일을 했었어.

　　　내가 하는 일은 정말 신경을 많이 써야 하는 일이었지.

　　　너무 힘들었어."

나를 알 수 없게 되어서
여행을 떠났다

이노쉬 "그래도 그 1년 동안은 정말 죽어라 일했었어.

　　　사람을 살리는 일,

　　　사람에게 힘이 된다는 것에 자긍심을 느꼈으니까.

　　　하지만 점점 여유가 사라졌고 나를 알 수 없게 되었어."

나 "그래서 여행을?"

이노쉬 "응. 내 마음을 한번 정화시키고 싶었어.

정신을 차렸을 땐

이미 내 손에 백팩과 티켓이 들려 있었지.

그런데…, 백팩 안에 넣어가지고 온 것은

역시나 청진기와 의학 책이더라."

나 "이곳에 오니 어땠어?"

이노쉬 "인도는… 여행은, 책임이나 고민으로부터

나를 해방시켜 주었어.

마음이 평안해지고, 어린 시절처럼 안정된 듯했지.

그리고 다시 한 번 내 마음에게 물어보니

나는 내게 솔직했었어. '알 수 없다'고 말하면서 말이지.

여행이 끝나면

나는 다시 병원으로 돌아가 일을 할 거야."

나 "그렇구나. 나와 똑같네.

청진기와 카메라. 가져온 것은 전혀 다르지만."

이노쉬의 이야기를 듣고 스스로에게 물어보았다.

'내 마음에게 거짓말을 하고 있진 않은가?'

아무리 마음이 우울해도,

그녀에게 차여 축 처져 있어도, 지금 나는 사진을 찍고 있다.

지금도 이렇게 글을 쓰면서 사진을 다시 보고 있다.

'아, 정말 못 찍었네…. 좀 더 이렇게 해서 찍어야 했어.'

'이번에는 저렇게 찍어 봐야지…'라면서 말이다.

변명만 능숙해지네

단념하면 편할 거라는 것 정도는 알고 있다.
포기해 버리면 그만인 이야기라는 것도 알고 있지만.
이노쉬가 말했다.
"다른 사람에게 거짓말하는 것은 간단한데
자신에게 거짓말을 하는 것은 왜 이렇게 어려울까?"

내 마음에게 거짓말을 하는 것은 어렵다.
그와 똑같이, 되고 싶은 '나'가 되는 것도 어렵다.
그래서 나는 나를 속이게 된다.
이곳에 다시 돌아오기까지, 지난 4년간
하면 할수록 변명하기에만 능숙해진 나를
오늘에서야 알았다.

#12
올리버 & 티나

"만나길 잘했다고 생각할 수 있는 것,
그것이 행복의 한 가지 척도야."

How do you measure happiness?
How about the number of wonderful meetings?
- Oliver & Tina

배낭여행자 커플

오늘은 리시케시를 산책했다.

산책하고 돌아오는 길에 한 배낭여행자 커플을 만났다.

남자는 스위스인 올리버Oliver, 여자는 뉴질랜드인 티나Tina.

영국에서 함께 국제정치를 공부하고 있는 학생들이라고 했다.

때마침 두 사람은 한창 게스트하우스를 찾고 있던 중이었다.

무사히 게스트하우스가 정해지자

정원에서 유유자적하는 두 사람의 사진을 잔뜩 찍었다.

올리버 "부모님 일 때문에 우리는

　　　　어린 시절부터 여러 나라를 돌아다니며 생활했었어.

　　　　그러다 보니 국제 정치에 흥미를 가지게 되었고

　　　　서로 자연스럽게 맺어졌지.

　　　　그래서 여행은 우리들 그 자체야. 여행은 삶의 일부!"

두 사람은 시를 좋아한다고 했다.

그녀는 그의 생일에 시를 선물했었다.

그 또한 여행에 딱 어울리는 시를 종이에 적어 주었다.

두 사람은 정말로 따뜻했다.

"백팩 안을 찍고 싶은데"라고 말했더니
그들은 선뜻 허락해 주었고
내가 인도에 온 이유에 대해서도 이야기하자
"진심으로 응원할게! 뭐든 도와줄 테니까 말만 해!
유럽에도 여행하러 와!"라고 말해 주었다.

티나가 나를 안아 주었다

정말로 호흡이 잘 맞고 서로 닮은 커플이었다.
무심결에 실연당한 이야기를 꺼내자
티나가 가만히 안아 주었다.

두 사람은 새벽에 게스트하우스를 나서야 했는데도
내 질문에 늦은 시간까지 대답해 주었다.
내가 준비한 배낭여행자를 대상으로 만든 설문조사지도
"오늘은 늦었으니까 데쓰오는 이만 돌아가.
설문지는 내일 아침에 봉투에 담아서 문고리에 걸어둘 테니까
아침에 일어나면 가져가! 주인에게도 말해 놓을게!"
라고 말하고는 다음날 아침 잊지 않고 문고리에 걸어 두었다.

그리고 내가 확실히 가져갔는지 걱정이 되어
일부러 문자까지 보내 주었다.
티나의 설문지에는 이렇게 적혀 있었다.

"Thank you for making me think about these great ideas
(나 자신을 생각할 기회를 만들어 줘서 고마워)!"

티나가 나를 안아 주었을 때
해준 말이 계속 귓가에 맴돌았다.

"나는 만나길 잘했다는 생각이 드는 사람을
얼마나 만나는지가 행복의 한 가지 척도라고 생각해.
나는 올리버를 만나 지금 너무 행복해.
데쓰오, 비록 헤어졌지만
너는 앞으로도 그녀를 소중하게 생각할 거잖아?
그것은 아주 행복한 일이야."

나를 앞으로
나아가게 해주는 사람

고마워, 티나.

나는 깨달았다.

그들 덕분에 나는 앞으로 나아갈 수 있게 되었다.

여행은 만남으로 이루어지고 인생 또한 만남으로 이루어진다.

멈춰 선 순간에도, 방황하는 순간에도

나를 다시 앞으로 걷게 해주는 것은 언제고

새롭게 만나는 배낭여행자들이었다.

무거운 짐을 짊어지고 걷는 그 한 걸음을,

그들의 등 뒤를 나는 언제나 쫓아가고 있었다.

#13
비욘

"내 주변에는 신경 쓸 일이 하나도 없어."
There is nothing making me worry. - Bjorn

멋쟁이 고찰 ~비욘의 일상에서~

밤 9시, 리시케시를 뒤로 하고 택시를 탔다.

역에 도착해 23시 15분발 델리행에 몸을 실었다.

뉴델리역에 도착했을 때는 다음날 아침 8시 반이 넘어서였다.

이번 여행에서만 4번째인 델리에서는

단골 메뉴인 길거리 망고주스를 마신다.

'망고주스가 너무 맛있어서 문제.' 이것은 큰 문제다.

과일주스의 왕국 태국에는 못 미치지만

인도의 망고주스도 그에 뒤지지 않는다!

게시판에 댓글을 달면 누군가 읽어 줄라나?

그런 길거리 주스 가게와 길가에서 몇 번인가 스쳐 지나가며

친해진 남자가 있었다. 그의 이름은 비욘Bjorn.

멋진 미소를 가진 사람으로, 사진으로 보다시피 멋쟁이다.

여행을 하다 보면 멋쟁이 녀석들을 많이 만난다.

남자인 내가 봐도 두근두근거린다. 하하하~

미리 말해두지만 나는 그런 세계에는 흥미가 없다.

그렇다면 왜일까? 그들이 외국인이라서? 코가 높으니까?

분명 이런 이유도 있겠지만 그것을 넘어서는 이유가 있다.

그 답은 바로 '신경 안 써요'다.

수염 따위 깎지 않아도 신경 안 써요.

목욕 안 해도 신경 안 써요.

머리 모양 따위 어찌 되든 상관없어.

당연히 속옷은 가끔씩만 갈아입죠.

소똥을 밟아도 웃어넘기며 걸어가면 그만이잖아요?

난 자유롭게 살고 있어요!

그들에게선 이런 느낌의 남성적인 분위기가 물씬 풍긴다.

실제로 배낭여행자들은

기본적으로 무슨 일이 있어도 잘 놀라지 않는다.

안정적이고 느슨한 느낌.

오랫동안 여행하고 있구나 하는 분위기가

자연스레 배어 나온다.

하얀 무스 아저씨

비욘은 싹싹하고 친절해서 인도인들도 그를 좋아했다.

한 예로 때마침 이발소 옆을 지나가다가 있었던 일.

손님의 머리카락을 자르고 있던 인도인 이발사가
머리카락을 손질하던 손을 갑자기 멈추더니
비욘에게 말을 걸었다.

"Hey! Where are you from(어이, 자네! 어디서 왔나)?"
"Have some time? I wanna talk with you. Listen! Listen
(시간 좀 있어? 당신하고 얘기 좀 하고 싶은데. 들어 봐! 들어 봐)!"

"당신은 지금 일하는 중이잖아요, 하하하"라고
지적하고 싶었지만 손님도 화내지 않고
그대로 대화에 동참해 분위기가 무르익는다.
손님의 입에는 수염을 깎기 위한
하얀 무스가 발려져 있었는데
말을 할 때마다 코 아래에 묻어 있던 무스가
점점 입으로 들어간다.
그것을 보고 비욘은 숨이 넘어갈 듯 웃었다.

하얀 무스 아저씨는 아랑곳하지 않고 계속해서 말했다.
눈앞에서 울려 퍼지는 웃음소리를 들으며
인도인도, 여행자도,
'걱정거리 대국'인 일본이라면 생각할 수 없을 정도로

조그만 일이나 감정에는 얽매이지 않는구나 하고 생각했다.
'내 주변에는 신경 쓸 일이 하나도 없어.'
라고 말하듯 웃음 가득한 얼굴이었다.

여행자의 성지, 바라나시로

비욘과의 한때도 끝이 나고
다음 목적지인 여행자의 성지, '바라나시Varanasi'로 향했다.
전 세계의 배낭여행자들이 한 번은 향하는 장소다.

바라나시로 가는 티켓을 사기 위해 델리역 실내로 들어갔다.
침침한 형광등에, 뭐라 말로 표현할 수 없는 냄새가 떠돈다.
영어와 힌디어가 뒤섞인 공간,
그리고 그것을 싹 뒤덮어 버리는 경적 소리.
꺼질 듯한 전광판이 필사적으로 발차 시각을 알리고 있다.
로터리에는 사람과 개가 바닥에 주저앉아 있고,
잠을 자고 있는 사람도 있다.
큰 지붕이 있어서 노숙자가 생활하고 있는 것이다.
델리역에서는 역시 본 적이 없지만,

다른 역에서는 노숙자가 아사해 바닥에 죽어 있기도 한다.

이런저런 말을 하는 사이 인도 중의 인도,

바라나시로 가는 전차를 탈 시각이 가까워져 왔다.

11시 40분에 출발하는 전차를 탔다.

바라나시에는 다음 날 5시 반에 도착할 예정이다.

가시와다식 핀포인트 성대모사

바라나시행 열차 안.

리얼 심야특급 열차 안에서는 딱히 할 게 없다.

우선은 잠자는… 일이 남아 있지만

아무리 잔다고 해도 몇 시간뿐,

도착할 때까지 자는 것만으로

시간을 때울 수도 없는 노릇이었다.

꼭 그래서만은 아니었지만

나는 열차 안에서 특기를 하나 익혔다.

인도 열차에는 각 역에 도착할 때마다

힘 좋은 목소리로 "차이, 차이. 차이, 차이"를

외치는 차이 판매원이 온다.

4루피(약 70원 정도)에 산 차이를 마시면서

지루하니 책을 읽으며 시간을 때우고 있는데,

이 차이 판매원,

알고 보니 모든 열차의 차이 판매원이 외치는

"차이, 차이. 차이, 차이"의 억양이 똑같다.

정말이지 너무나 한가했던 나는

바로 그들의 억양 성대모사를 습득했다.

비결은 입을 '잇~'의 상태로 만든 뒤

'데가와Degawa Tetsuro(일본의 코미디언)의

소리를 약간 탁하게 해서 낸다'고나 할까.

분명 인도 열차에 타 본 적이 있는 사람에게는 먹힐 것이다.

완전한 핀포인트의 성대모사, 어디에 써먹을지가 고민이다.

#14

아리오

"여행은 인생의
휴식 시간이 아니야."

Journey is not an intermission of life. - Ario

저녁, 갠지스 강의 보트 위에서

신기하게도 예정대로 5시 반이 넘어
바라나시에 도착했다.
사실 어제 탄 전차는 AC3등(에어 컨디션 좌석)이어서
일반 좌석보다 호화로워 베개와 담요도 딸려 있었다.
우아한 기분에 젖어 들었던 나는
인도인의 공격을 부드럽게 주고받으며
릭샤를 타고 갠지스 강으로 향했다.
여행자의 성지이기 이전에 바라나시는 힌두교의 성지다.
갠지스 강 주변에는 인도인과 여행자로 넘쳐났다.

숙소에서 선잠을 자고서 12시에 일어나
샤워를 끝내고 밖으로 나왔다.
마침 한 게스트하우스의 테라스에서 유유자적하고 있던
이란인 아리오Ario를 만났다.
그는 2월부터 여행을 시작했는데,
첫 나라가 무려 일본이었다고 한다.
왜 일본에 갔냐고 물으니 그 대답이 참으로 간단하다.
"일본 음식을 좋아해!"서다.

도쿄 쓰키지에서는 신선한 생선회나 스시를,

오사카에서는 타코야키를,

교토에서는 우동을 만족스러울 만큼 먹고 나니

한 달에 3㎏이나 쪘다고 했다.

365일 우동인 나보다는 훨씬 건강한 식생활이다.

일본 이야기로 분위기가 한층 무르익자,

저녁에 갠지스 강에서 보트를 빌려 함께 타기로 약속을 했다.

저녁에 다시 만나,

보트를 타고 갠지스 강을 바라보며 이야기를 나누었다.

배낭여행자에게라면 어김없이 물었던 기본 질문에

역시나 간단한 대답이 돌아왔다.

나 "왜 여행을 해?"

아리오 "많은 사람들을 만날 수 있고,

　　　그들과 이야기 나눌 수 있으니까."

사람이
'Open Mind(열린 마음)'가 될 때

아리오 "영국의 도시나 전차 안에서는 눈이 마주쳤다고

　　　　모르는 사람에게 인사하며 말을 걸면

　　　　보통은 저 사람이 미쳤나 하고 생각해.

　　　　그런데 여행할 때는 어때?

　　　　오늘 우리도 서로를

　　　　Crazy한(미친) 놈이라고 생각했어?"

나 "아니."

아리오 "그렇지? 이렇게 자연스레 인사를 주고받고

　　　　또 자연스레 대화가 되잖아? 그래서 여행이 좋아."

확실히. 도쿄에서도 서로 눈이 마주쳐서 말을 걸면

영국처럼 일단은 수상하게 여긴다.

하지만 여행지에서는 다르다. 왜일까? 이것도 답은 간단하다.

"서로가 여행자니까"가 답이다.

여행자로 있을 때, 사람은 'Open Mind(열린 마음)'가 된다.

나는 여행자로 있는 그 시간이 제일 좋다!

은둔형 외톨이,
낯을 가리는 사람에게는
여행을 추천합니다

나 역시 일본에 있을 땐 사람과 이야기하는 것이 서툴렀다.

당연히 헌팅 같은 건 생각도 못했다.

모르는 여자에게 말을 건다는 것 자체가

극히 어려운 일이었다.

생각해 봤을 때, 여행자 중에는 오히려

일상생활에서 소통 능력이 부족한 사람이 많을지도 모른다.

반대로 소통 능력이 좋은 사람은 여행에 흥미가 없을지도.

그들은 일상에 만족할 것이다.

은둔형 외톨이, 낯을 가리는 사람에게는 여행을 추천한다.

늘 신경 써야만 하는 '사회의 눈' 따윈 없으니까.

모두가 처음부터 혼자다.

그러니까 왕따를 당하는 일 같은 건 없다.

누군가와 비교당하는 일도 없으니까.

세상은 평등하지 않지만 여행은 모두에게 평등하다.

아리오는 후에 이런 이야기도 해주었다.

미래의 꿈에 관해서.

아리오 "나는 영국에서도 세 번째 손가락 안에 드는

　　　명문대학에 다니고 있어.

　　　이대로만 가면 졸업 후에 큰 은행이나

　　　대기업에 들어가는 건 당연지사지.

　　　하지만 나는 그 길을 걷지 않을 거야."

나 "왜? 일이 없는 건 힘들어."

아리오 "이렇게 여행을 하면 영국과는 동떨어진 빈곤,

　　　차별, 사회를 보게 돼.

　　　내가 무엇을 할 수 있을지는 모르겠지만

　　　조금이라도 더 평화롭고 사람들이 행복하다고

　　　말할 수 있는 사회를 만드는 데

　　　공헌하고 싶어. 사람을 돕는 일을 하고 싶어."

그가 말해준 꿈.

… 이런 생각으로 여행을 하는 배낭여행자도 있구나.

"나는 결코 도망치지 않아."

"일본의 젊은이들은 현실에서 도망치기 위해
여행을 하는 사람이 많아."
내가 설명하자 아리오는 이렇게 대답했다.

"현실도피? 나는 결코 도망치지 않아.
여행은 인생의 휴식 시간이 아니니까.
여행을 하면 할수록 지식이 늘어나지.
진짜 어른이란 태어날 때부터 지닌 무지를
극복한 사람이라고 생각해.
여행을 통해 세계를 알고 나를 알게 되는 것.
나를 사랑하지 않는다면
어떻게 내 인생과 다른 사람을 사랑할 수 있겠어?
나를 아는 것이 최고의 힘이야.
머릿속이 깨끗해지고 마음이 안정돼.
그래서 우리는 여행을 하는 거겠지."

#15
미우리시오& 지져스

"지구를 걸을 수 있다는 것에
감사해야 해."

Be grateful for being able to walk
around the world. – Mauricio & Jesus

여행이 가능한 사람,
불가능한 사람

바라나시에서 2일째.

또 다른 만남은 마우리시오Mauricio와 지져스Jesus.

숙소를 찾고 있던 그들에게

내가 묵고 있는 게스트하우스를 가르쳐 주면서 친해졌다.

그들은 멕시코에서 태어났다고 했다.

결코 유복하다고는 할 수 없다.

모국에는 일자리가 거의 없어 젊은 사람들은 나라를 떠나

미국을 중심으로 불법체류를 하며 돈을 번다고 했다.

그들 또한 유럽에서 일을 하며 번 돈으로

여행을 떠나는 생활을 반복하고 있다고 했다.

마우리시오가 말했다.

미우라시오 "멕시코도 가난하지만

　　　　　인도의 분위기는 현저하게 달라.

　　　　　이곳에서 느끼는 것, 생각하는 것들이 아주 많아.

　　　　　데쓰오! 너도 우선은

　　　　　여행을 할 수 있는 것에 감사해야 해!"

나 "응? 어째서?"

미우라시오 "아프리카 사람이나 인도 사람이 유럽인이나
　　　　　　미국인, 일본인처럼 백팩을 짊어지고
　　　　　　여행하는 모습 본 적 있어? 없지? 답은 간단해.
　　　　　　그들은 돈이 충분하지 않기 때문이야."

그런가.
일본에는 '지구를 걷는 법'이라는 책이 있는데,
정말로 지구를 걷는 것이 가능한 사람은 한정돼 있구나.
나도 그 한정된 범위 안에 든 한 사람이라는 것을
잊어서는 안 되겠다고 생각했다.
이 두 사람, 보기와는 달리 멋진 말을 하네.

"Let's get drunk(신나게 마시자)!"

밤에는 그들과 함께 술을 마셨다.
지져스 "Let's get drunk(신나게 마시자)!"

그들은 분위기도 잘 탔지만 장난끼도 굉장했다.

마우리시오와 지져스는

근처 레스토랑에 들어가 피자와 맥주를 주문했다.

한창 무르익은 분위기 때문에 눈치채지 못하고 있었는데,

맥주가 나오질 않는다.

마우리시오 "Hey! Where is my beer(어이! 내 맥주는 어딨어)?"

점원이 "Help yourself(알아서 가져가세요)"라며

뒤를 가리킨다.

뒤쪽의 냉장고에는 차가운지도 알 수 없는 맥주가.

지져스가 "I got it(알았어)!"라며 수긍한다.

하지만 피자는 달랐다.

주문한 지 거의 1시간은 지나 있었다.

즐거운 밤은 끝나지 않는다

그래도 그들은 짜증 내지 않고 그것을 웃음 소재로 삼았다.

지져스 "도대체 왜 우리보다 뒤에 주문한 사람의 요리가

먼저 나오는 거야!"

마우리시오 "HaHa(하하)! 우리가 멕시칸인데다가

　　　　　 이 타투를 했기 때문인가?"

지져스 "내 Fucking(괘씸한) 피자는 어디 있는 거야?

　　　　 이탈리아 현지까지 사러 갔나!?"

마우리시오 "분명 치킨을 잡으러 갔을 걸!

　　　　　 잠깐 나 키친 좀 보고 올게."

그 말을 남기고 그는 키친으로 엉큼성큼 향했다.

그는 돌아오자마자 웃으며 말한다.

마우리시오 "저 녀석들, 이제야 도우를 반죽하기 시작했어!

　　　　　 치킨이 아니라 양파를 사러 나간 거였어!

　　　　　 이거 앞으로 족히 2시간은 걸리겠는 걸!!"

즐거운 밤은 끝나지 않았다.

헤롱헤롱 취해 버린 나는

돌아오는 길, 들개의 습격을 받아 전력질주로 도망쳤다.

그날은 취했음에도 불구하고

내 인생에서 가장 빨리 달린 날이었다.

NOTE 3

롭의 무용담과
나의 무용담

*Is there anything you
have written in your life?*

롭의 무용담

다음 날 어디 공원이라도 없을까 하고
바라나시 거리를 어슬렁어슬렁 걷고 있는데
마치 곰 같은 모습을 한 배낭여행자와 마주쳤다.

롭Rob.
만났을 때 그는 이미 취해 있었다.
롭의 여행은 길었고
도중에 다른 여행자에게 오토바이를 양도받아
오토바이를 타고 인도를 돌고 있다고 했다.
그의 입에서는 마신 술의 양만큼이나 무용담이 넘쳐났다.

"술을 마시고 운전하기 때문에 자주 부딪쳐.
오토바이는 이미 너덜너덜해.
뭐, 경찰에게 잡혀도 돈으로 해결하면 끝!"

"너한테만 말하는 건데, 사실 나 면허 없어.
오토바이를 내게 넘겨준 놈이 나쁜 거야!
아니, 오토바이로 인도를 여행하는 일은 좀처럼 없으니까
다른 여행자가 부러워 가지고는

'태워줘, 태워줘'라고 말한다니깐."

"한 가지 더 얘기해 주자면 나는 여자만 태워.

왜냐고? (나는 묻지 않았다)

왜냐하면 남자는 숨 막힐 듯 덥잖아?

여자 가슴이 등에 닿는 감촉이라 말할 것 같으면 최고지!!

태운 후의 이야기는 Deep한(깊은) 이야기라서

너에겐 말 못해!!"

상상이 가니 딱히 말하지 않아도 되지만(하하하~),

무용담은 이미 별로 듣고 싶지 않아졌다.

그는 넘쳐나는 무용담을 쏟아 낸 것에 스스로 만족했는지

어느새 드러누워서는 코를 골며 잠들어 버렸다.

나의 무용담 ~치킨볶음밥에서~

… 덧붙여 내게도 무용담이 하나 있다.

이 기회에 조금만 소개해 볼까.

중국 내몽골 자치구를 여행했을 때의 이야기다.

저녁밥을 먹기 위해 나는 대중 포장마차의

한 구석에 자리를 잡고 앉았다.

너덜너덜한 메뉴판에는 중국어와 몽골어뿐.

곤란했던 건 영어가 전혀 통하지 않는다는 것.

'뭐든 상관없어'라는 생각으로

옆자리 아저씨가 먹고 있던

치킨이 들어간 볶음밥 같은 음식을

가리키자 주인이 고개를 끄덕였다.

주인 옆에는 새장이 있었는데

안에는 살아 있는 비둘기가 몇 마리 들어 있었다.

어이어이, 잠깐 기다려요! 이런 방식으로….

주인의 행동은 내 예상과 완벽하게 들어맞았다.

그는 비둘기를 움켜쥐고 목뼈를 꺾어 털을 잡아 뽑았다.

그다음 껍질을 벗겨내고는 당연한 듯이 고기를 잘게 썰어

밥과 함께 볶아 내게 내밀었다.

과연, 나도 손을 모으고서 배부르게 먹었습니다.

TV에서밖에 본 적 없다고요…

다만 눈앞의 풍경이 너무 충격적이었기 때문에
입이 느낄 위화감을 줄여 보고자
한 가지 메뉴를 더, 대충 주문했다.
그것이 나의 완벽한 실수였다.

주인은 항아리에서 살아 있는 애벌레를 꺼내
망에다 올려 굽기 시작했다.
'설마… TV에서밖에 본 적 없다고요…….'

접시에 길게 놓인 것은 검게 탄 큰 애벌레 5마리(양념 안 됨).

옆에서 볶음밥을 먹고 있던 아저씨가
쓴웃음을 짓고 있는 내 얼굴을 보더니
애벌레 한 마리를 강탈해서는
'이렇게 먹는 거야' 하는 얼굴로 입안에 툭 넣었다.

오로지 마시고,
오로지 쏟아내다

만족하는 아저씨의 얼굴을 보고서

나도 한 마리를 집어 입안에 넣어 보았다.

················· 참으로 크림 같은 맛!

너무 느끼하고 기분이 이상한 게,

아무튼 도저히 먹을 수가 없었다.

입 안에 있는 것이 애벌레라 생각하면 토할 것 같았다.

그 후부터 배가 아프기 시작했고 미열이 계속되었다.

일본으로 돌아올 때까지 화장실로 뛰어가는 날이 지속되었다.

오로지 물만 마시고, 엉덩이로 그것을 쏟아내기만 했다.

일본에 돌아온 후,

병원에 가니 탈수 증상이라는 진단을 받아 입원을 했다.

끝.

#16
도모히로 & 유키코

"세계 일주 허니문을 하고 있어요."

We are on our around-the-world journey
for honey moon. - Tomohiro & Yukiko

"함께 세계 일주 하자!"

늘 가는 가게에 점심을 먹으러 갔는데 빈 자리가 없었다.

그러자 안쪽에 앉아 있던 남성이

"여기에 앉아도 괜찮아요"라며 일본어로 말을 걸어왔다.

그의 옆에는 한 여성이 앉아 있었는데

알고 보니 둘은 부부였다.

나 "인도 여행 중이세요?"

그 "네. 허니문으로 세계 일주를 하고 있어요.

　　벌써 1년 조금 넘었어요. 인도를 돌고서

　　마지막으로 태국에 들렀다가 일본으로 돌아갈 예정이에요."

도모히로Tomohiro 씨와 유키코Yukiko 씨.

두 사람의 만남은 비행기에서 이루어졌다고 했다.

가끔 방콕행 비행기가 같았다고 한다.

두 사람이 태국의 값싼 여인숙 거리인

'카오산'에 도착한 시각은 한밤중이었다.

거리를 다 둘러봐도 문이 닫혀 있어 이리저리 돌아다니며

숙소를 찾아다녔다.

간신히 한 곳을 발견하고서 이를 축하하기 위해

피곤한 상태임에도 불구하고 술을 마시기로 했다.

그것이 두 사람이 내딛은 여행의 시작이었다.

두 사람 모두 술을 좋아해서 마시는 동안에
"함께 세계 일주를 하자!"는 말이 나왔고,
도모히로 씨는 지금껏 만나고 있던 애인과 헤어지고
유키코 씨와 사귀게 되었다고 한다.
그렇게 두 사람은 일본으로 귀국한 뒤
욕실이 없는 조그마한 방을 구해 살았다.
서로에게 힘이 되어 주면서
1년 반 정도 절약하며 돈을 모았다.
그리고 여행을 떠나기 전에 결혼을 했다.
결혼식은 여행 도중 미국에서,
그리고 그대로 다시 여행을 떠났다.

내가 잃어버린 미래여,
멈추지 말고 가라

'얼마나 행복할까…'

두 사람의 여행길이 너무나 부럽게 느껴졌다.

내가 그리던 꿈이었다.

내가 잃어버린 미래였다.

욕실도 없는 생활 속에서 서로에게 의지했던 1년 반.

내게 부족했던 것은 바로 그 용기였다.

상대와 마주 보는 용기, 두 사람의 미래와 마주 보는 용기.

아무튼 지금은 두 사람이 일본의 큰 온천에라도 들어가

천천히 여행의 피로를 풀고 있길 바란다.

내가 잃어버린 미래여,

부디 저 두 사람 안에서 멈추지 말고 가라.

#17

안드레올리

"너는 이미 있을 곳을 찾았어."

You've already got the place
where you belong. - Andreoli

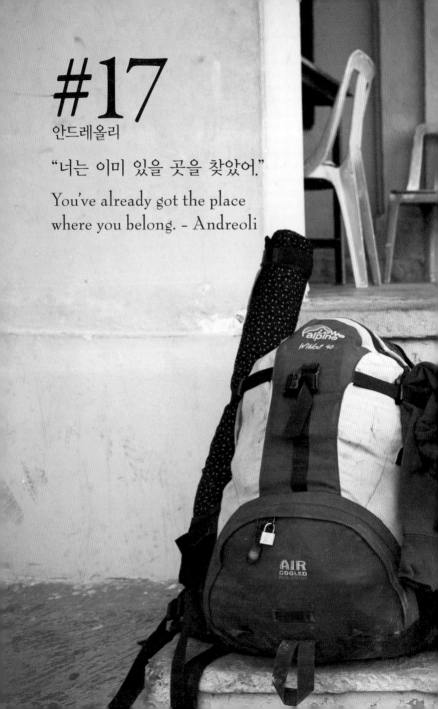

소똥 코코아와 안드레올리

바라나시에서 3일째. 비가 내린다.

바라나시는 우기였기 때문에

갠지스 강의 강수량이 불어나 있었다.

도로는 비가 오는 탓에 진흙투성이었다.

소똥, 개똥이 여기저기에 널브러진 비참한 상태.

굳이 예를 들자면

똥으로 만든 코코아가 흐르고 있는 느낌이다.

오후에 비가 그치자, 외출할 준비를 끝내고 밖으로 나왔다.

전망 좋은 장소에서 갠지스 강이라도 찍을까 하고

터벅터벅 강변의 게스트하우스를 돌아다녔다.

한 게스트하우스에 들어가니

때마침 짐을 꾸리고 있던 배낭여행자를 만났다.

이탈리아인 안드레올리Andreoli.

부다가야Buddha Gaya(부처님이 깨달음을 얻은 자리)로 가기 위해

이제 막 숙소를 나서던 참이었다.

안드레올리는 요가 선생님이었다.

자신만의 요가를 추구하고 싶어

초심으로 돌아가기 위해 오랜만에 인도에 돌아왔다고 했다.

나 "인도는 얼마 만이야?"

안드레올리 "오랜만에 왔어!"

"예전에, 미래에 대한 고민으로 여행을 떠나

인도에 왔다가 요가를 알게 됐어.

요가를 배우는 동안 흐릿하던 내 마음도,

미래에 대한 불안도 자연스레 맑아졌지.

어쩌면 요가가 내게 가장 잘 어울리는 게 아닐까!?

그 이후로 요가 선생이 되자고

자연스레 생각하게 됐지.

그래서 시간이 흘러서도 이렇게 요가를 하고 있고.

여행을 통해 나는 내가 있어야 할 곳을

찾을 수 있었어."

그는 내 질문에 이렇게 답해 주었다.

여행을 통해
내가 있어야 할 곳을 찾다

여행을 통해 내가 있어야 할 곳을 찾을 수 있을까.

지금까지 내가 있던 곳을 버리고

흐르고 흘러 여기에서 저기로, 백팩과 함께 여행을 한다.

그곳에서 발견한, 있어야 할 곳이란 어떤 곳일까?

내가 있어야 할 곳은 어디일까?

안드레올리 "데쓰오는 어때? 인도는 처음이야?"

나 "아니. 나도 4년 전에 한 번 인도에 왔었어.

　이곳에서 '여행을 하는 일'과 '사진을 찍는 일'을 만났지.

　여행하는 감각과 '이거다!'하고 셔터를 누르는 순간의 감각,

　그 감각 안에서 내가 가장 나답게 있다는 기분이 들었어."

안드레올리 "그렇구나.

　　　　　데쓰오도 이곳에서 네가 있어야 할 곳을 찾았네."

나 "내가 있어야 할 곳…? 그런가, 잘 모르겠는데."

안드레올리 "여행을 하며 카메라를 들고 있을 때

　　　　　네가 가장 너답게 있을 수 있다며?

　　　　　그곳이 네가 있어야 할 곳이 아니면

　　　　　어디가 있어야 할 곳인데?"

"Good running into you
(너를 만나서 좋았어)!"

… 그런가.

내가 있어야 할 곳은,

내가 온전히 나로서 있을 수 있는 곳일까.

그때의 나는 내가 있어야 할 곳을 찾았던 걸까.

어디로 가야 좋을까? 어디로 나아가야 될까?

그러한 것들로 머릿속이 핑핑 돌았지만

이미 나는 내가 있어야 할 곳을 찾지 않았는가!

"Good for you(잘 됐네)!"

안드레올리가 부드러운 얼굴로 말을 걸어 주었다.

그는 숙소의 주인과 헤어지는 것도 아쉬워하며

숙소를 떠났다.

릭샤가 기다리는 장소까지 안드레올리를 배웅했다.

"Good running into you(너를 만나서 좋았어)!"

나는 진심으로 안드레올리에게 소리쳤다.

자, 오른쪽? 왼쪽?
정하는 것은 누구?

바라나시에서의 마지막 날.

내일 아침 7시 20분 전차를 타고

다음 목적지인 콜카타Kolkata로 향한다.

이번 여행도 막바지에 다다랐다.

'오늘 기분은 콜라다!'라며,

25루피(약 430원)에 산 콜라를 마신다.

'자! 오른쪽으로 갈까? 왼쪽으로 갈까?' 정하는 것은 나다!

오른쪽으로 가면 어떤 만남이 기다리고 있을지,

왼쪽에는 또 어떤 만남이 기다리고 있을지,

그것은 오른쪽으로, 왼쪽으로 가보지 않으면 모른다.

'내일은 누구를 만나게 될까? 어떤 말을 듣게 될까?

내일이 기대된다는 것, 이 얼마 만에 느끼는 기분인가?'

내 마음은 더 이상 뒤를 향하고 있지 않았다.

앞을 향해 걸어가고 있었다.

나는 다시 한 번 내가 깐 레일을 믿기 시작했다.

콜라를 마시다가 문득 떠오른 '하면, 다면' 이야기.
일본에서는 햄버거를 주문하면 감자튀김이 따라 나온다.
차를 타면 내비게이션이 목적지까지 가는 길을 정해 준다.
편의점에서 스파게티를 사면
당연하게 봉투에 포크를 담아 준다.
… 생각해 보면 우리는 편리하면 편리할수록
스스로 결정하는 행위를 하지 않게 되었다.

'하면, 다면' makes your life
(하면, 다면이 너의 삶을 만든다)

분명 내가 정한 선택으로 미래가 바뀌어 가는 것인데
누군가가 정한 흐름에 휩쓸려 버리면
한 가지 길밖에 선택할 수 없다.
그런 인생은 즐겁지 않다. 그 모습은 내가 아니다.
스스로 길을 정하지 않는 인생은, 재미없다.
누군가에게 '이거 해놔'라는 소리를 듣는 일은

전혀 즐겁지 않잖아?

내가 지금껏 만나 온 많은 배낭여행자들도
내가 그 길을 왼쪽으로 돌아서 걸어가지 '않았다면',
그 숙소에 묵지 '않았다면' 만나지 못했을 인연들이다.
수많은 우연들이 만남을 만들어 주었다고 할 수도 있겠지만,
어쩌면 자신이 결정한 수많은 선택들이
만남을 만들었다고 할 수 있을지도 모르겠다.

나는 어디로 걸어가고
싶은 것일까?

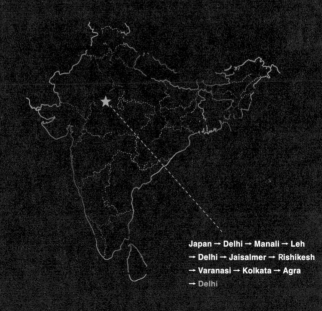

Japan → Delhi → Manali → Leh
→ Delhi → Jaisalmer → Rishikesh
→ Varanasi → Kolkata → Agra
→ Delhi

사회인 2년차 여러분께

바라나시를 뒤로하고, 콜카타행 열차에 몸을 실었다.

열차 안에서는 자이살메르에서 만난 일본인에게 받은
세계 일주 여행기를 읽었다.
10년 전쯤 완전히 똑같은 시기에
인도를 여행했던 당시 24살의 주인공.
책에는 이런 글이 담겨 있었다.

'24살에 여행을 한 것은 내게 가장 적절한 타이밍이었다.
지금보다 어렸다면 감성이 따라오지 못해
충분히 느낄 수 있었던 것도 느끼지 못했을지 모른다.
이보다 나이가 많았다면
감성이 망가져 보지 못했거나 마음껏 하지 못하고
사회의 눈치를 보느라 여러 가지로 폭이 좁아졌을 것이다.'

바로 지금, 24살의 나는 인도를 여행하고 있다.
소중한 것은 잃어버렸지만
내 마음은 확실히 앞으로 나아가고 있다.
좋은 느낌으로, 아직 멋들어진 말로 정리할 순 없어도

머지않아 알 수 있다. 그릴 수 있을 것 같다. 앞으로의 나를.

사회인 2년차 여러분,

여름휴가 때 인도 여행은 어떤가요?

전설의 일본인 숙소, 파라곤

콜카타에 도착하자마자 서더 스트릿Sudder Street으로 향했다.

이곳에는 전설의 일본인 숙소 '파라곤'이 있다.

70~80년대에 수많은 일본인 배낭여행자들이

이곳을 방문하여 침몰을 반복한 것으로도 유명하다.

무언가를 계획하고 꿈과 희망을 가졌지만

지금은 침몰하고 있는 자,

일본에서의 삶에서 도망쳐 나왔지만

이곳에서 침몰하고 있는 자,

선대의 다양한 생각을 떠올릴 수 있는 곳, 파라곤.

덧붙여 나도 파라곤에 온 뒤로는

침대 위에서 아직 한 발짝도 움직이지 않은 상태다.

이것이 소위 말하는 '파라곤의 주술'이다.

이곳에서 한 일본인 여자를 만났다.

그녀의 아버지가 젊은 시절 배낭여행을 하면서

콜카타에 이르렀을 때 묵었던 숙소가

바로 이곳, 파라곤이었다고 한다.

그녀는 아버지의 이야기를 듣고

'아버지가 갔던 장소에 나도 묵어 보고 싶다'는 생각으로

파라곤을 방문했다.

그녀의 아버지는 그녀에게 자신의 여행에 대해

어떻게 이야기했을까?

만약 내가 누군가의 아버지가 되었을 때

이 여행을, 이 인생에 대해 어떤 식으로 이야기하게 될까?

#18
마리에

"속옷을 매일 갈아입는 일이
당연한 것은 아냐."

Changing your underwear every day is not
always natural. - Marie

출발 지점은 훗날의 결승점이다

여성 여행자… 라는 이유로

델리에서 만난 마리에Marie라는 여행자가 생각이 났다.

그녀는 혼자서 8개월이나 여행을 하고 있었다.

무기한으로 한창 세계 일주를 하고 있는 것 같았다.

정신을 차리고 보니 8개월째,

아직도 아시아를 벗어나지 않은 모양이다.

"나 정말로 슬로 페이스(느리게 가기)네, 하하하."

"나는 대체 언제 일본으로 돌아가게 될까?"

"여행의 결승점은… 언젠가 도착할 나리타공항이겠지."

그녀는 웃으며 말했다.

'여행의 결승점은… 언젠가 도착할 나리타공항이겠지'라니.

출발 지점인 나리타공항이 결승점이 되는 것도 괜찮네.

내 여행의 출발점은 이곳 인도였다.

여기서 여행과 사진의 즐거움을 알게 되었다.

내가 프로 포토그래퍼가 됐을 때,

다시 한 번 인도에 오고 싶다는 생각을 할 수 있다면 좋겠다.

여행의 출발 지점이 결승점이 되면 좋겠다!

'여행이 좋다! 사진이 좋다!'고 말할 수 있으면 좋겠다!

여자 혼자 세계 일주라니 정말 대단하다.

남자보다 힘든 건 분명한 사실이다.

역시 신경 쓰이는 것은 한 가지.

모두가 묻지 않으니, 내가 남자 대표로 물어봐야지.

당연한 것은, 필요하다면
새로 만들면 된다는 것!

나 "여자 혼잔데 습격당한 적 없었어?"

마리에 "라오스에서 친해진 사람의 집에 갔다가

　　　　습격을 당했는데 있는 힘껏 따귀를 때린 덕분에

　　　　다행히 괜찮았어."

여자는 강하다.

나 "게스트하우스는 샤워할 때 물이 안 나오는 곳도 많고,

계속해서 이동을 하다 보면 샤워조차 못하게 되고,

속옷도 갈아입지 못할 때가 많은데… 그런 부분은 괜찮아?"

마리에 "처음에는 당연히 근질근질거리고 약간 짜증이 났었지.

하지만 몸이 환경에 적응하는 것처럼

매일매일 샤워를 하고 속옷을 갈아입는 일이

당연한 게 아니라는 것을 깨달았어!!

그런 거 일일이 신경 쓰면 여행 못 즐겨!"

응! 내 말이 그 말!!

당연한 것은, 스스로 얼마든지 새로 만들면 된다는 것이다!

#19
데쓰야

"어떠한 실패든 스스로 결정한 결과라면
언젠가 인생의 씨앗이 될 거야."

Whatever the mistakes you made, they will
become good memories. - Tetsuya

배낭여행자가 여행을 하는 이유

파라곤에서 만난 또 한 명의 일본인 이야기를 하려고 한다.

도미토리에 들어가니 그는 침대에 웅크리고 앉아 있었다.

데쓰야Tetsuya. 그는 고베에서 배를 타고 중국으로 건너가

그대로 육로를 통해 아시아를 떠돌아다니며

콜카타까지 왔다고 한다.

그런데 그는 콜카타에서 거의 2주 동안을 꼼짝 않고 있었다.

"실은 여행을 떠나기 전에 할아버지께 카메라를 받았었어.

그런데 방글라데시에서 카메라가 고장이 난 거야.

카메라 가게에 들고 갔더니 수리공이 수리를 포기해서

도로 들고 온 것이 이 산산 조각난 카메라였어…"

방글라데시는 카메라 관련 산업이 제대로 갖춰져 있지 않아,

'콜카타로 가면 카메라를 살 수 있다'는 말을 듣고

여기로 온 모양이었다.

하지만 콜카타에 와서도 카메라를 사지 못해

지금에 이르렀다고.

이렇게 된 데에도 이유가 있다고 한다.

들어 보니 그는 원래 호텔에서 일하던 셰프였는데

이탈리아에 연수를 갔다가 동전 지갑을 하나 샀다고 한다.

그런데 그 가게의 주인이 정말로 좋은 사람이라

언젠가 꼭 다시 가겠다는 생각으로 매일 일을 했다고 한다.

그리고 마침내 일을 그만두고

이탈리아로 여행을 떠나게 된 것이다.

결국 그는 이탈리아까지 갈 비용을 생각해

'카메라를 살지 말지' 고민하고 있었던 것이다.

카메라를 사면 한 달치 생활비가 줄어든다.

이탈리아까지 갈 수 있을지,

가고 난 이후의 상황이 위태로운 것이다.

이 고민에 대한 답을

매일매일 침대 위에서 생각한 게 벌써 2주.

그는 파라곤의 주술에 보기 좋게 홀려 침몰하고 있었다.

데쓰야의 '그 후'

자, 이제 데쓰야의 '그 후'를 전해 볼까.

결국 그는 파라곤의 주술에서 풀려나

새로운 카메라를 사가지고 인도를 벗어났다.

중동을 지나 마침내 유럽에 입성했다.

신경 쓰이는 것은 카메라를 구입함에 따른 자금 부족.

그가 선택한 것은 '이탈리아까지 자전거로 가기'였다.

놀랍게도 그는 정말로 불가리아에서 자전거를 사서

15개국을 돌아 스페인에 도착했다!

그런데 이탈리아로 가기 위한 마지막 도약을 하기 직전,

사건이 터졌다.

맨 처음엔 '자전거를 탄 수상한 일본인이 있다'고 오인 받아

스페인 경찰에 의해 순찰차로 연행되었다.

며칠 후에는 여행의 생명줄인

그 자전거를 누군가에게 도둑맞았다.

수색한 보람도 없이, 자전거는 결국 찾지 못했다.

데쓰야가 내게 준 용기

그래도 데쓰야는 여행을 계속하는 것을 포기하지 않았다.

그러나 한층 더한 사건이 그를 덮쳤다.

사건의 무대는 스페인의 아주 큰 행사인 '토마토 축제'.

그는 울분을 달래듯 군중 속으로 뛰어 들었고

토마토로 샤워를 하며 피부가 쭈글쭈글해지도록 즐겼다.

그러다 정신을 차렸을 때에는

이미 그의 귀중품이 몽땅 없어진 뒤였다.

당연히 지갑과 여권도….

그 순간 이탈리아를 향한 그의 여행은 막을 내렸다.

그에게서 온 메일 한 통.

'스페인은 아무래도 치안이 안 좋은 것 같아.'

그래도 그의 자전거 여행은 보통의 여행보다도,

파라곤에서 줄곧 침몰하는 것보다도 멋진 여행이었을 것이다.

데쓰야의 대모험은 내게 용기를 주었다.

'스스로 정하는' 행위가 자신만의 여행을 만든다!

내가 정해서 걸어가는 것이니 내 인생이다!

분명 지금의 데쓰야라면 이렇게 말해 주었을 테지.

"어떤 실수든 간에 실패도 스스로 결정한 결과라면

언젠가 멋진 인생의 씨앗이 될 거야!!"

#20

미로

"즐거우니까. 그 외에 뭐가 더 필요해?"

It's fun, what else do you need? - Miro

좋아하는 기준

콜카타에서의 마지막 날.

도미토리 방이 같았던 미로Miro에게 말을 걸었다.

그는 말수가 적지만 세계 각지의 배낭여행자들 사이에서도

발군의 아우라를 풍기고 있었다.

미로는 무려 25년간이나 여행을 하고 있다고 했다.

25년 = 내 일생과 같은 시간이다.

세계를 몇 바퀴 돌았을까? 문득 깨닫고 보니 어느새 25년.

나 "무엇이 너를 25년이나 여행하게 만들었어?"

미로 "It's fun. That's all about it(즐거우니까. 단지 그것뿐)."

나 "그것뿐?"

미로 "그럼, 그 외에 뭐가 더 필요해?"

소중한 것을 희생하고서 여행을 떠난 것일까.

아니면 여행하는 것이 인생이었던 것일까.

그는 말이 많지 않아

대화 속에 숨겨진 이면을 간파하진 못했지만

적어도 그는 지금, 인생을 즐기고 있었다.

'It's fun(즐거우니까).'

어떤 힘든 일이 있어도, 무언가를 희생해야 하더라도
나는 포토그래퍼라는 길을 걷는 이유를
'즐거우니까. 단지 그것뿐'이라 말할 수 있을까?

말할 수 있게 되기를 바란다.
'여행과 카메라가 좋다'고 진심을 담아
말할 수 있는 한 가지 기준은,
'이유 같은 건 없다'며 아무런 의문 없이
말할 수 있는 것이라 생각하니까.
단지 여행하는 것이 즐거워서, 단지 만남이 기대돼서,
그저 '좋아서', 나는 셔터를 누르며 살아간다.
오늘 그런 인생을 걸어갈 용기를 얻은 기분이 들었다.

여행자의 보폭

미로와 헤어지고 델리로 돌아가는 전차를 기다리는 동안
차이를 마시며 그저 멍하니 일본에서의 나날을 떠올렸다.
일에 쫓기고, 약속에 쫓기고,
물론 인도에서처럼 개에 쫓기는 일은 없었지만

나의 일상은 언제나 무언가에 쫓기는 듯했다.

아침에 일어나 일을 하다가 정신을 차려 보면

자정이 넘은 시간,

그런 하루의 연속이었다.

눈앞을 지나가는 배낭여행자들을 본다.

천천히, 천천히 오른발과 왼발을 번갈아 움직이며 걷고 있다.

여행자는 걷는 속도가 느리다.

그 이유는 어떤 것에도 쫓기지 않기 때문일지도 모른다.

자신이 걷고 싶은 방향으로, 자신의 보폭으로 나아간다.

'가지 않으면 안 되는' 방향 따윈 없다.

'나아가지 않으면 안 되는' 속도 같은 건 없다.

여행자가 웃는 얼굴로
계속해서 걸을 수 있는 이유

눈앞에서 두 명의 유러피언이 호탕하게 웃으며

여행을 떠나려 하고 있었다.

큰 백팩을 짊어지고서.

유러피언 "I'm going(다녀올게)!"

나 "Have a good day(좋은 하루 보내)!"

두 사람의 웃는 얼굴을 보자 문득 이런 말이 머리를 스쳤다.

'하고 싶은 것의 방향을 보고 계속해서 걸을 수 있다면

사람은 앞으로 나아갈 수 있다.'

나는 이 여행에서 4년 전

내가 배낭여행자들에게 끌린 이유를

처음으로 알게 된 기분이 들었다.

자신의 길을 스스로 걷고 있는 사람은

'쫓기고 있다는' 감각 따윈 없을 것이다.

'나아가고 있다는' 감각만 있을 것이다.

'해야만 하는 일을 하고 있을 때' = '쫓기고 있는 때'

'하고 싶은 일을 하고 있을 때' = '나아가고 있는 때'

현실의 삶에 '쫓기고 있을 때'

가려는 방향이 여러 갈래인 것은 어쩌면 당연한 일이다.

하지만 어떤 방향을 보고 걸어갈지는

언제나 스스로 결정한다.

그것만으로도 분명 무언가가 변화할 것이다.

NOTE 4

타지마할에서 역전 홈런!

Is there anything you have written in your life?

뜻밖의 만남

이 여행도 막바지에 다다랐다.

남은 건 콜카타에서 아그라를 경유해 델리로 돌아가,

일본행 비행기에 몸을 싣는 일뿐.

약 33시간의 열차 이동도 끝, 무사히 아그라Agra에 도착했다.

아그라로 말할 것 같으면, 그래! 세계문화유산 타지마할이다!!

역에서 릭샤를 타고 타지마할로 향했다.

타지마할의 입장권은 750루피(약 1만 3,100원)였다.

인도에서는 꽤 높은 축에 속하는 금액을 주고 구입했다.

무거운 백팩은 맡겨 놓은 뒤 카메라와 삼각대만 손에 들고

입구로 향하려던… 그 순간!

깔끔한 화장에 예쁜 원피스를 입은

일본인 여성과 스쳐 지나갔다.

그때, "저기요!"라는 목소리가……

이것은 설마! 말도 안 돼!? 하하하!

인도 여행 끝자락에

이곳에 와서 드디어 무슨 일이 일어나는 건가?

인도에 와서 씩씩해진 내게

신이 마지막으로 홈런을 치게 해주는 걸까!?

여자분 "우리 호주에서 만난 적 있지 않나요?"

나 "… 네?"

여자분 "시드니의 어학교에서."

나 "아아! 생각났어요. 전혀 몰라봤네요!"

2년 전, 호주에서

같은 어학교에 다녔던 하루카Haruka 씨였다.

기쁜 듯, 슬픈 듯

나 "이야, 그런데 이런 곳에서 뭐하고 있어요?"

　'지금 생각하면 내가 들어야 할 질문이었다.'

하루카 "저기, 저는 세계 일주 중이에요! 부럽죠~

　　　그런데 이제 열차 시간이 다 돼서 돌아가야 해요!

　　　다음 목적지는 핀란드예요!

　　　또 어딘가에서 만나요.

　　　그럼!"

그렇게 말하고는 시원시원한 걸음으로 릭샤를 향해 걸어갔다.

그나저나 인도에서 이런 우연한 만남이라너, 깜짝 놀랐네.

대형 홈런이라 생각했던 나의 타구는

싱겁고 평범한 플라이볼Fly Ball(높이 뜬 공)로 끝났다.

#21
이반

"그 누구도 걷는 법을 배우지 않고 걸어간다."

We walk without knowing how to walk. - Ivan

"마음은 가벼워졌어?"

아그라에서 타지마할을 카메라에 담은 뒤,

델리로 돌아왔다.

이제 이 여행도 앞으로 이틀밖에 남지 않았다.

드디어 다음은 일본이구나 하고 여행의 끝이 실감난다.

일단 평소처럼 게스트하우스로 이동.

아직 체류 중인 무일푼의 프렘이

"또 만났네" 하고 살짝 웃으며 따뜻하게 맞아 주었다.

그리고 한마디.

"아직 여권이 없어. 한 발짝도 움직이지 못해. 하하하"

이곳에 돌아오니 왠지 마음이 놓인다.

프렘 "마음은 가벼워졌어?"

나 "아, 뭐, 실연도 당했고. 하하"

프렘 "그래? 힘들었겠다. 그래도 여행은 계속했네.

　　데쓰오는 이 여행에서 중요한 것을 찾았어?"

나 "음, 어땠을까? 아직은 잘 모르겠지만 우선,

　정말로 그녀를 좋아했다는 것을 인정할 수 있었고

　카메라를 가지고 살아갈 길로 나아가야겠다고 생각했어."

프렘 "그럼 됐네."

프렘과 말을 주고받은 뒤
인도에서의 마지막 바자르를 즐기기 위해 밖으로 나갔다.
'세끼 밥보다 망고주스를 더 많이 먹던 생활도
이제 끝이네'라고
생각하며 차분히 맛을 음미하면서 걸어가고 있는데
심상찮은 분위기의 배낭여행자들이 보였다.

나는 앞으로도 여행자의 등을 뒤쫓아 갈 것이다

그대로 지나치려다가
너무 멋진 모습에 다시 돌아가
말을 걸었다.
"너무 멋져서 그런데 사진 좀 찍을 수 있을까요?"
"우리라도 괜찮다면요!" 그들은 흔쾌히 허락해 주었다.

이처럼 분명 나는 앞으로도
세상 속에서 여행자들의 등을 뒤쫓아 갈 것이다.
머릿속에 큰 지도를 펼쳐 놓고

좋아하는 것을 좇아갈 수 있는 것에 행복을 느끼면서
걷고, 걷고, 또 걸어서
나만의 이야기를 만들어 갈 것이다.

"It's the same(나랑 같네)!"

최후의 만찬을 즐기기 위해
저녁을 먹으러 들어간 레스토랑에서 만난
꽤 근사한 헤어스타일의 여행자.
마지막 순간까지 여행자는 내 마음을 자극한다.
내 시선을 알아차린 멋진 스타일의 남자가 내 쪽을 향한다.

멋진 남자 "왜 그래?"
나 "헤어스타일이 무척 근사하네."
멋진 남자 "고마워. 이쪽 자리로 올래?"

초대를 받은 나는 자리를 옆으로 옮겼다.

멋진 남자 "와 타 시 노 나 마 에 와 이반Ivan 데 스

　　　　　(나는 이반이라고 해)."

그는 유일하게 알고 있는 일본어로 서툴게 인사를 건넸다.

나 "와 타 시 노 나 마 에 와 데쓰오 데 스

　　(나는 데쓰오라고 해.)"

고마운 마음에 나도 같은 말투로 대답을 해주었다.

나 "기타도 근사하네! 항상 들고 다니면서 여행해?"

이반 "응. 기타만 있으면 어디든 갈 수 있으니까.

　　　기타는 치고 싶을 때 치면 되고,

　　　노래를 부르고 싶을 땐 부르면 되고.

　　　가고 싶은 곳은 가고 싶을 때 가면 돼."

나 "그렇구나. 나도 카메라만 있으면 어디든 갈 수 있어.

　　찍고 싶을 때 찍으면 되고! 보고 싶은 것을 보면 돼!

　　걷고 싶은 곳은 걷고 싶은 속도로 걸으면 되니까!"

이반 "It's the same(나랑 같네!)"

끝나는 날과 시작하는 날

여행의 끝에서 나는 이반에게 이런 말을 해주었다.
"누구든 걷는 법을 배우지 않아도 걸을 수 있게 되는 것처럼
자신이 걷고 싶은 대로, 걷고 싶은 방향으로 가면 돼!"

인도에서의 마지막 밤,
이제부터 여행을 시작하는 이반을 향해
나는 엄지손가락을 치켜들었다.

자, 생각할 시간은 이제 끝났다!
다음은 어떤 나라를 떠돌아다녀 볼까!?
'It's time to Go(이제 출발할 시간이야)!'
나는 이미 내가 믿는 길을 걸어가고 있으니까.

내 자기소개는 앞으로도 변하지 않을 것이다.
'내 이름은 가시와다 데쓰오입니다.
내 꿈은 세계를 걷는 포토그래퍼입니다.'

Epilogue
of
Tetsuo Kashiwada

여행의 끝, 시작의 장소에

"21살이 찍은 사진답네."

인도에서의 마지막 밤,
천장 한쪽을 멍하니 바라보며 내 마음을 느껴 보았다.

4년간, 포토그래퍼가 되기까지 걸어 올라왔던 계단.

처음의 나는 그 계단을 한 칸 한 칸 올라가는 일이
전혀 고통스럽지 않았다.
계단을 올라가고 있는 것이 그저 즐거워서 어쩔 줄을 몰랐다.
계단을 오르는 것이 내가 살아가는 의미,
내 삶의 보람이 되었다.
'나아갈 길이 있는 인생은 너무나 즐겁다!'고 생각하면서
얼마든지 앞으로 걸어 나갈 수 있었다.

그러나 노력의 결과는
곧바로 뒤따라오는 것이 아니라는 걸 피부로 느꼈다.
판매처에 가서 포트폴리오를 보여 주니
다음과 같은 말이 돌아왔다.
"자네 지금 몇 살인가?"
"21살입니다."

"음, 21살이 찍은 사진답네."

깨졌다. 우울해졌다.

'하고 싶은 것'의 방향으로
걸어갈 수 있을까?

내게 부족한 것이 무엇일까?

하고 싶은 것의 방향으로 걸어가는 일은

결국 나와의 싸움이었다.

세계를 여행하며 사진을 찍겠다는

꿈을 그렸음에도 불구하고

그 후로 나는 단 한 번도,

해외는커녕 국내 여행조차 가지 못했다.

설령 여행을 갔다 하더라도

나는 사진을 찍을 자신이 없었다.

'21살이 찍은 사진답네.' 그 말이 머릿속에서 떠나질 않았다.

이대로 여행을 해봤자

'22살이 찍은 사진답네. 23살이 찍은 사진답네. 24, 25…'

라는 소리만 계속해서 듣다가 끝날 것 같았다.

원래 나는 스스로를 믿지 못했다.

단순히 기술만 부족한 것이 아니었다.

부족한 것은 내 마음 그 자체였다.

변해야 한다, 스스로 변해야만 한다.

나는 다시 한 번 그렇게 생각하고서 도쿄에 가기로 결심했다.

부딪혔던 벽이 길을 만들어 주었다

대학 친구인 히데네 집에 얹혀살며 그에게 신세를 졌다.

도쿄에서의 생활도 벽에 부딪히는 날들의 연속이었다.

4년이라는 시간.

지금껏 수많은 벽에 부딪히며 걸어왔다.

'카메라로 밥 벌어먹고 살겠다'는 벽은

너무 높아서 극복하지 못할 것이라 생각하며

몇 번이고 체념했었다.

더 이상 아무것도 할 수 없었을 때

나는 다시 한 번 인도로 향했다.

그리고 지금 인도에서의 마지막 밤, 나는 생각한다.

'많은 벽에 부딪히길 잘했다.'

나는 깨달았다.

내가 지금까지 부딪혀온 벽들이 사실은

내가 걸어갈 길을 만들어 주었다는 것을.

헛된 일 같고 싫증도 나고

도통 어떻게 해야 좋을지 알 수가 없었다.

하지만 포토그래퍼라는 결승점을 향한 인생을 포기하지 않고

벽에 부딪히면서도 계속해서 걸었기 때문에

미로 같은 이 인생을 지금까지 걸어올 수 있었다.

그저, 앞으로 걸어가는 일을
포기하지 않았을 뿐

그것은 진짜 미로와도 같다고 생각한다.

길을 잃으면 벽을 따라 걸어가지 않는가!

하지만 벽이 없다면 걸을 길조차 없다.

휘청휘청, 그저 넓은 대지를 걸을 뿐

애초에 결승점 같은 건 만들지 못할 것이다.

고통스러웠다.

그렇게 좋아하던 우동도 싫어졌다.

꿈을 나불대기만 하는 입만 산 내가 너무 촌스럽고

창피해서 어찌할 바를 몰랐다.

하지만 나는 그만두지 않았다. 걷는 일만은 포기하지 않았다.

그리고 지금 이렇게 포토그래퍼로서

내 사진과 문장으로 책을 만들 수 있게 되었다.

아메리칸 드림이 아니라 인디안 드림이다!!

지금은 말할 수 있다. "길을 잃으면 벽에 부딪치면 된다!"

막다른 곳에 몰리더라도, 멀리 돌아가더라도

그 벽은 반드시 결승점으로 이어져 있다.

그 벽을 따라 걸으면 언젠가 결승점에 다다를 것이다!!

이 여행의 끝에
내가 나아갈 길이 있다

나아갈 길이 있는 인생은 역시 즐겁다.

이것을 알게 해준 것이 바로 배낭여행을 하는 친구들이었다.

그들이 나에게 앞으로 나아갈 길을 보여 주었다.

마음을 앞으로 이끌어 주었다.

그리고 내 책을 출판할 수 있는 계기까지 만들어 주었다.

만남은 사람을 바꾼다.

그리고 여행에는 사람을 바꾸는 만남이 넘쳐난다.

나를 앞으로, 앞으로,

계속해서 앞으로 걸어가게 해주는 만남들 천지다.

나는 배웠다.

인생을 즐기는 가장 좋은 방법은

자신의 발로 걸어가는 일이라는 것을.

그리고 나만의 이야기를 만드는 일이라는 것을.
스스로에게 무엇이 부족한지, 무엇이 필요한지는
자신이 믿는 길을 걸어가야만 보인다.
그렇게 또 한 걸음,
나는 또다시 발을 내딛으며 앞으로 나아간다.

변명에만 능숙해지기 전에
속이는 일이 특기가 되어 버리기 전에
걸어라. 자신의 길을 믿고서.
여행의 끝에 내가 나아갈 길은 반드시 있으니까.

인생은 여행하기 위해 존재한다.

오직 나만이 그릴 수 있는
이야기를 믿고서.

걸어라.

내 인생의 주인공은 나다.

세계를

여행하는

배낭여행자들의

뒷이야기

이름 : 낸시 크리스 & 카밀(Nanceaee Chris & Camille) /
나이 : 26 & 25 / 국적 : 프랑스 / 여행 시작일 : 2012.07.28

Q. 당신의 마음속에 있는 소중한 말은?

A. Understand(이해).

Q. 여행을 떠나 새롭게 소중하다고 생각하게 된 것은?

A. Live your life everyday(매일, 자신의 인생을 살아가는 것).

Q. 행복이란?

A. Go to bed everyday smiling(웃는 얼굴로 매일 잠에 드는 것).

이름 : 시몬 웨스캠프(Simon Weskamp) / 나이 : 21 /
국적 : 독일 / 여행 시작일 : 2012.01.03

Q. 여행을 떠난 이유는?

A. I wanted to understand why people believe in certain situation differently all over the world(세상의 다른 환경 속에서 왜 사람들이 서로를 믿을 수 있는지를 이해하고 싶었다).

Q. 왜 여행을 계속하는가?

A. People can learn their whole lifetime and travelling is the best opportunity for this(인간은 일생을 계속해서 배워 나갈 수 있고 여행은 이를 위한 가장 좋은 기회니까).

이름 : 아이모네 프로보(Aimone Probo) / 나이 : 30 /
국적 : 이탈리아 / 여행 시작일 : 2012.05.30

Q. 여행의 지혜를 가르쳐 달라!

A. Enjoying life is beautiful(즐기는 삶은 멋지다)!

Q. 여행이 끝나면 무엇을 할 예정인가?

A. I'm going back home. Working a bit more, and stay with people that loves me. Then I will plan a new trip, gather information and dream about it(집으로 돌아갈 거야. 일을 잠깐 하면서 나를 사랑해 주는 사람들과 함께 있고 싶어. 그리고서 정보를 모아서 새로운 여행을 계획할 거야. 새로운 만남을 꿈꾸며).

이름: 제인 예웰류(Jane Llewellyu) / 나이: 37 /
국적: 프랑스 / 여행 시작일: 2012.08.28

Q. 당신의 꿈은?

A. To be surrounded by people that I love(좋아하는 사람들에
게 둘러싸여 사는 것).

Q. 여행을 하며 버리게 된 것은?

A. Pressure on myself(스스로에 대한 중압감).

Q. 앞으로 여행을 떠날 사람들에게 조언 한마디!

A. Don't dunk anyway walk slippery here(인도는 미끄러우니까
도랑에 빠지지 않도록)!

이름: 조 코닉(Joe Cornick) / 나이: 25 / 국적: 영국 /
여행 시작일: 2011.03.06

Q. 여행하는 동안 무엇을 버렸나?

A. Most of my clothes(내 옷들 전부).

Q. 언제 여행이 끝나나?

A. In 4days! It was a 1year long trip(4일 후! 1년간의 긴
여행이었어).

Q. 당신의 꿈은?

A. To open a backpacker hostel somewhere in the Amazon
(아마존의 어딘가에 배낭여행자들을 위한 숙소를 여는 것).

이름: 레르세크레스 빌란베바(Rercecles Villanveva) /
나이: 27 / 국적: 아르헨티나 / 여행 시작일: 2012. 04. 15

Q. 지금 무엇을 하고 있었나?

A. I am writing my diary on the roof top(지붕 위에서 일기를
적고 있었어).

Q. 좋아하는 말은?

A. Sun, Elephant(태양, 코끼리).

Q. 하고 싶은 말이 있다면?

A. Life depends on what you live. Everything can be beautiful and
positive(인생은 살아 있는 시간들에 의해 이루어져. 모든 것
은 아름답고 긍정적이야).

이름: 예후다(Yehuda) / 나이: 25 / 국적: 이스라엘 /
여행 시작일: 2012.10.27

Q. 당신의 마음속에 있는 소중한 말은?

A. Be good, do good(좋은 사람이 돼라, 좋은 행동을 해라).

Q. 여행이 끝나면 무엇을 할 예정인가?

A. I will go home and look for the next travel. Find a job that
makes the world a better place(집으로 돌아가 새로운 여행
에 대해 생각할 거야! 세상을 좀 더 좋은 곳으로 만들기 위
한 일을 찾고 싶어).

Q. 앞으로 여행을 떠날 사람들에게 조언 한마디!

A. Listen(귀를 기울여라)!!

이름: 프레드릭 클레븐(Fredrik Kleven) / 나이: 22 /
국적: 노르웨이 / 여행 시작일: 2012.01.22

Q. 행복이란?

A. Being able to follow your dreams(꿈을 좇는 것).

Q. 여행 중이라 가능했던 일이 있다면?

A. No…, But many things are easier to do(딱히 없지만, 하기
쉬운 것은 정말 많아).

Q. '자신이 없으면 행동하지 못하는 사람'에 대한 생각은?

A. Any economist can tell you that the lower the risk is, the
less you get(어떤 경제학자든 리스크가 적은 만큼, 얻는 것
도 적다고 하지).

이름: 딘 카트라이트(Dean Cartwright) / 나이: 31 /
국적: 호주 / 여행 시작일: ???

Q. 여행을 하며 소중하다고 생각한 것은?

A. Always remain true to yourself(진실은 자신에게 있다
는 것).

Q. 앞으로 여행을 떠날 사람들에게 조언 한마디!

A. Jump in, head first(일단 뛰어들어)!

Q. '우선은 돈을 벌어야 하기 때문에 취업한다'라는 말에 대한
생각은?

A. I think that when they are old, they will have regrets(나이를
먹었을 때, 그들은 후회할 거야).

이름: 쇼타 마츠시마(Shota Matsushima) / 나이: 23 /
국적: 일본 / 여행 시작일: 2012.08.16

Q. 여행을 하며 중요하게 생각하지 않게 된 것은?

A. Schedule for tomorrow(내일 할 일).

Q. 내일 계획은?

A. I will think about it tomorrow(내일 생각하겠습니다).

Q. 여행이 끝나면 무엇을 할 예정인가?

A. Go ahead(앞으로 나아갈 거야).

이름: 이샤 비에튼&다샤 밴더 레이던(Ischa Vieten&Dasha
vander Reijden) / 나이: 24&21 / 국적: 네덜란드 /
여행 시작일: 2012.01.08

Q. 당신의 꿈은?

A. To be satisfied(만족스러워지는 것).

Q. 당신에게 평화란?

A. No fighting and happy face(싸움이 없는 것, 그리고 행복한
표정).

Q. 하고 싶은 말이 있다면?

A. I love India, because I hated it, I hate India because I love it,
Enjoy new experience(인도는 싫기 때문에 좋다. 좋기 때문
에 싫다. 새로운 경험을 즐겨)!

이름: 송병구(Song Byeonggu) / 나이: 34 / 국적: 한국 /
여행 시작일: 2012.03.28

Q. 지금 무엇을 하고 있었나?

A. I just met a nice Japanese guy(방금 멋진 일본인을 만난 참
이야).

Q. 여행의 지혜를 가르쳐 달라!

A. God may Bless you anywhere you go(어디를 가든 신이 축복
해 줄 거야).

Q. 당신에게 여행이란?

A. Probably it is a way to look inside me(내 내면을 돌아보는
것)?

이름: 조프 벨드파우스 & 위스 올크 리케린크(Jop Veldpaus & Wies Olcle Riekerink) / 나이: 29 & 24 / 국적: 네덜란드 / 여행 시작일: 2012.01.04

Q. 왜 백팩을 짊어지고 여행하는가?

A. Backpacking is the best way to wonder in this beautiful world(배낭여행을 하는 것은 이 아름다운 세계에 감동하기 가장 좋은 방법이야)!

Q. 당신의 꿈은?

A. No dream = Be happy right now(꿈이 없다 = 지금 나는 행복하다)!

이름: 바르 길리엄 & 파보프(Barre Guillaume & Paboeuf) / 나이: 26 & 31 / 국적: 프랑스 / 여행 시작일: 2012.07.23

Q. 인생의 성공은 무엇이라고 생각하는가?

A. For me, find our place, our people, our family(나를 위해, 내 장소, 내 사람, 내 가족을 찾는 것).

Q. 등에 무엇을 짊어지고 걷고 있는가?

A. People I met(내가 만난 사람들).

Q. 하고 싶은 말이 있다면?

A. Nice to meet you! On travel, it's also nice to meet people traveling like us(만나서 반가워요! 여행을 하면 우리들처럼 여행하는 사람들을 만날 수 있어요).

이름: 마리아 & 코스코 & 쿠바(Maria & Cosco & Cuba) / 나이: 41 & 41 & 26 / 국적: 스페인 / 여행 시작일: 2012.01.17

Q. 사람은 왜 여행을 떠난다고 생각하는가?

A. I think that these people have a dream(그런 사람들은 꿈을 가지고 있을 테니까).

Q. 여행 중에 무엇을 얻었나?

A. Dream's pieces(꿈의 조각들).

Q. 하고 싶은 말이 있다면?

A. One world, one heart, one people(세계는 하나, 마음도 하나, 인류도 하나).

이름: 프렘 아난(Prem Anand) / 나이: 27 / 국적: 칠레 / 여행 시작일: 2012.04.13

Q. 여행을 떠나기 전에는 무엇을 했나?

A. Sing, cry, laugh(노래 부르고, 울고, 웃고).

Q. '자신이 없으면 행동하지 못하는 사람'에 대해 어떻게 생각 하는가?

A. In Japan and in the whole world, fear makes us go into the future(일본이든 세계든, 두려움은 우리를 미래로 데리고 가준다).

Q. 여행의 지혜를 가르쳐 달라!

A. Follow your heart(마음 가는 대로).

이름: 발렌티노 이폴리티(Valentino Ippoliti) / 나이: 22 / 국적: 이탈리아 / 여행 시작일: 2012.02.11

Q. 여행의 결승점은?

A. I don't have any goal yet, I pick up what's happening(아직 찾 진 못했어. 지금은 내게 일어난 일을 주워 담는 중).

Q. 당신에게 평화란?

A. Freedom(자유).

Q. 당신의 꿈은?

A. To do something useful(도움이 되는 뭔가를 하고 싶어).

이름: 나탈리 브레거(Natalie Breger) / 나이: 28 / 국적: 캐나다 / 여행 시작일: 2012.07.04

Q. 어른이 되어서 여행을 하는 건 무책임한 일일까?

A. It is irresponsible not to travel. Experiences make you happier than "things" and memories last longer than "stuff". Traveling is the best way to make experiences(여행을 하지 않는 쪽이 무책임해. 경험은 보다 행복하게 해주고, 추억은 보다 오랫동안 가슴에 남아. 여행은 그런 경험을 만드는 최 고의 방법이야).

이름: 넬라 스키 그난 & 바게니스 르미(Nella Sky Gnan & Bagenis Rlmi) / 나이: 26 & 23 / 국적: 스웨덴 & 프랑스 / 여행 시작일: 2011.12.24

Q. 여행을 하는 데 있어 가장 중요한 것은?

A. When I wake up and I hug my girlfriend(아침에 일어나 그 녀를 안아주는 것).

Q. 사람은 왜 여행을 한다고 생각하는가?

A. Everybody have a journey, some just don't realize it(모두들 여행을 하고 있지만 어떤 사람들은 그것을 깨닫지 못하고 있는 것뿐).

Q. 여행하는 동안 무엇을 얻었나?

A. New friends, a big love, some stomach problems and a lot of nice stories(새로운 친구들과 크나큰 사랑, 몇 번의 복통, 많은 멋진 이야기들).

이름: 이노쉬 아스케나시(Enosh Askenasy) / 나이: 28 / 국적: 이스라엘 / 여행 시작일: 2012.07.20

Q. 이 여행의 목적은?

A. Perspective(사물을 보는 관점을 새롭게 하기 위해).

Q. 여행을 하면서 소중히 하지 않게 된 것은?

A. Pressure(긴장이나 중압감).

Q. 하고 싶은 말이 있다면?

A. Not on bread alone shall live the man(사람은 빵만으로는 살아갈 수 없어).

이름: 장이슬 & 유승효(Iseul Jang & Yoo Seunghyo) / 나이: 23 & 21 / 국적: 한국 / 여행 시작일: 2012.01.20

Q. 이 여행의 테마는?

A. Coming out from my shell, Reborn(나만의 세계에서 나오는 것, 새로 태어나는 것).

Q. 하고 싶은 말이 있다면?

A. I was soooo worried when I get to India but now I already miss here(인도에 도착했을 때 굉장히 불안했지만, 지금은 벌써부터 이곳이 그리워)!!

Q. 앞으로 무엇을 할 것인가?

A. I'm going to enjoy my life(내 인생을 즐길 거야).

이름: 올리버 브레니 & 티나 아텔제빅(Oliver Brenni & Tina Ateljevic) / 나이: 20 & 22 / 국적: 스위스 & 뉴질랜드 / 여행 시작일: 2012.08.05

Q. 여행을 하며 버리게 된 것은?

A. Little life problems(소소한 삶의 문제들).

Q. 여행을 하는 시간은 어떤 시간인가?

A. Out of common time(일상에서 벗어나는 시간).

Q. 어른이 되어서 여행을 하는 건 무책임한 일일까?

A. If the grown-ups would try traveling they would find this comment stupid. We are eternal children(자신이 다 컸다고 생각하는 사람들이 여행을 하게 되면 자신들이 착각하고 있었다는 것을 알게 되지 않을까. 우리는 영원히 아이야).

이름: 코타(Kota) / 나이: 28 / 국적: 일본 / 여행 시작일: 2012.02.24

Q. 왜 백팩을 짊어지고 여행하는가?

A. I feel like I can go everywhere by walking(걸어서 어디든 갈 수 있을 것 같은 기분이 드니까).

Q. 백팩에 이상한 것이 들어 있나?

A. DASHI KOMBU(육수와 다시마).

Q. 내일은 무엇을 할 예정인가?

A. I drink chai at the shop near the guest house(게스트하우스 근처의 차이 가게에서 차이를 마실 거야).

이름: 비욘 위드마크(Bjorn Widmark) / 나이: 21 / 국적: 스웨덴 / 여행 시작일: 2012.01.28

Q. 좋아하는 말은?

A. Enjoying & Suffering(즐기다 & 괴로워하다).

Q. 여행을 떠난 이유?

A. Too fed up with studying I felt like actually meeting people rather than reading about theory(공부가 지긋지긋해졌어. 그래서 교과서를 읽는 것보다 직접 사람을 만나 이야기하고 싶어졌지).

Q. 여행의 결승점은?

A. Getting wiser(lol)(현명해지는 것. 하하하).

이름: 히로키 시마다(Hiroki Shimada) / 나이: 25 /
국적: 일본 / 여행 시작일: 2012.02.??

Q. 여행을 하는 동안 얻은 것은?

A. Clean by wiping the ass by hand. And I find weakening of the fingertip when eating by hand(손으로 엉덩이를 닦았을 때의 깨끗함, 그리고 밥을 손으로 먹을 때 손가락이 참 나약하다는 걸 느꼈지).

Q. 여행의 결승점은?

A. I want to find while traveling(여행을 하면서 찾고 싶어).

이름: 아리오 파라하니(Ario Farahani) / 나이: 22 /
국적: 이란 / 여행 시작일: 2012.01.22

Q. '우선은 돈을 벌어야 하기 때문에 취업한다'는 말에 대한 생각은?

A. I cannot devote my life to something I don't believe in(나는 내가 믿지 않는 것에 내 인생을 바칠 수 없어).

Q. 인생에 있어서 성공이란?

A. Success is a human invention. Happiness is what is important(성공은 사람이 만들어낸 것. 행복이야말로 가장 소중해).

이름: 딕 페르베이(Dirk Verweij) / 나이: 22 /
국적: 네덜란드 / 여행 시작일: 2012.02.03

Q. 이제 무엇을 할 건가?

A. Drink a chai, and get lost in the streets(차이를 마시고 길을 헤맬 거야).

Q. 여행의 결승점은?

A. To come home inspired full of energy(굉장한 에너지를 가득 채워 집으로 돌아가는 것).

Q. 내일 일정은?

A. Just nothing(지금으로선 없어)!

이름: 마우리시오 라미레즈(Mauricio Ramirez) / 나이: 31 /
국적: 멕시코 / 여행 시작일: 2012.02.01

Q. 왜 백팩을 짊어지고 여행을 하는가?

A. Do not follow any schedule, any routes, just wanted to create
my way on every step I take(어떠한 일정도, 어떠한 규칙에
도 따르지 않고 오직 내가 나아갈 길만을 만들고 싶었어).

Q. 좋아하는 말은?

A. Fly(날다).

Q. 당신에게 평화란?

A. Respect(존경).

이름: 지저스 카란자(Jesus Carranza) / 나이: 27 /
국적: 멕시코 / 여행 시작일: 2012.02.01

Q. 좋아하는 말은?

A. Koi no yokan(사랑의 예감).

Q. 여행하는 동안 무엇을 얻었나?

A. Sandals, diarrhea, Stomach problems(샌들, 설사, 복통).

Q. 당신에게 최고의 장소는?

A. Dreams. No limits…(꿈, 한계가 없으니까…).

이름: 롭(Rop) / 나이: 36 / 국적: 네덜란드 /
여행 시작일: 2011.01.21

Q. 지금 무엇을 하고 있었나?

A. I just cleaned 1 finger nail(때마침 손톱 하나를 깨끗하게 정
리한 참이었어).

Q. 이제 무엇을 할 예정인가?

A. Clean the other 9(남은 9개의 손톱을 정리할 거야).

Q. 당신에게 최고의 장소는?

A. On the left part. It's nice and warm(왼쪽. 따뜻하고 좋은 곳
이야).

이름: 매과이어 콜(Maguire Coll) / 나이: 19 / 국적: 미국 /
여행 시작일: ???

Q. 자아 찾기에 대한 생각은?

A. I feel that to know oneself is one of the most difficult thing
   to do, and one of the most rewording, if you don't want to
   know yourself. Then what's worth knowing(자아 찾기는 정
   말로 어려운 일중의 하나이고, 가장 가치 있는 일이라 생각
   해. 자신에 대해 알고 싶어 하지 않는다면 대체 무엇을 알
   아야 가치가 있는 걸까)?

이름: 도모히로 & 유키코(Tomohiro & Yukiko) /
나이: 29 & 32 / 국적: 일본 / 여행 시작일: 2011.01.17

Q. 여행을 하는 동안 무엇을 얻었나?

A. Wife(아내).

Q. 여행을 하는 동안 무엇을 버렸나?

A. Cosmetics set(화장품 세트).

Q. 여행이 끝나면 무엇을 할 예정인가?

A. Make a child(아이 만들기).

Q. 당신에게 최고의 장소는?

A. The place I was born & where I am now(내가 태어난 곳과 지
   금 내가 있는 곳).

이름: 시오니 토마스(Ceeeoni Thomas) / 나이: 39 /
국적: 이탈리아 / 여행 시작일: 2012.02.11

Q. 여행 중에는 어떤 책을 읽는가?

A. Teachings for sail-boats(요트 교습서).

Q. 무엇을 하는 시간이 좋은가?

A. Studying sailboat-licence(요트 자격증을 공부할 때).

Q. 당신의 꿈은?

A. Crossing the world by sail-boat. Pretty egoistic don't you
   think(요트로 세계횡단을 하고 싶다. 꽤 이기적이지만)?

이름: 마리에 카네코(Marie Kaneko) / 나이: 26 / 국적: 일본 / 여행 시작일: ???

Q. 여행을 떠나기 전 무엇을 했었나?

A. I was struggling with anxiety(앞이 보이지 않는 불안과 싸우고 있었어).

Q. 왜 여행을 계속하는가?

A. To be honest, it is melancholy to carry on backpack, But I would always get excited when I step on the new world(솔직히 백팩을 짊어지는 것이 무거워서 우울해. 하지만 새로운 땅을 내딛을 때마다 언제나 두근두근 설레게 돼).

이름: 데쓰야 코바야시(Tetsuya Kobayashi) / 나이: 24 / 국적: 일본 / 여행 시작일: 2012.10.11

Q. 여행을 떠나기 전 무엇을 했었나?

A. I quit a chef, And I worked part-time at YAKITORI& Construction to save money(셰프를 그만두고 닭꼬치 가게와 토목 아르바이트로 돈을 모으고 있었어).

Q. 이 여행의 테마는?

A. Until there is no money(돈이 다 떨어질 때까지).

Q. 당신의 꿈은?

A. I want to see a happy world(행복한 세상을 보고 싶어).

이름: 가브리엘레 안드레올리(Gabriele Andreoli) / 나이: 40 / 국적: 이탈리아 / 여행 시작일: 2012.07.15

Q. 어른이 되어서 여행을 하는 건 무책임한 일일까?

A. It can be true, if you don't think about your life in the long term, But your life can fit it in(만약 네가 인생을 길게 보지 않는다면 그럴 수도 있어. 하지만 네 인생은 거기에 맞춰져 버릴 걸).

Q. '자신이 없으면 행동하지 못하는 사람'에 대한 생각은?

A. It's human nature, but it is important to learn to let go(그렇게 되어 버리는 것이 인간의 본성일지도 몰라. 하지만 흐름에 맡겨 보는 것도 중요해).

이름: 미로 코세르(Miro Kocer) / 나이: 45 / 국적: 체코 /
여행 시작일: ???
Q. 여행을 떠난 이유는?
A. I like the present world(현재가 좋으니까).
Q. 내일 일정은?
A. It will depend on my mood(내 기분에 맞춰서).
Q. 당신에게 최고의 장소는?
A. Anywhere, I don't mind(어디든, 난 신경 쓰지 않아).
Q. 여행하는 동안 무엇을 버렸나?
A. My ignorance and fear(무지와 공포).

이름: 아츠시 오카다(Atsushi Okada) / 나이: 29 /
국적: 일본 / 여행 시작일: 2012.01.16
Q. 여행을 떠난 이유는?
A. After the earthquake, I wanted to hear the opinions of the
   Japanese people who are abroad(대지진이 일어난 후, 해외에
   있는 일본인들의 의견이 듣고 싶었어).
Q. 여행의 끝은 언제인가?
A. There is no end(끝은 없어).
Q. 하고 싶은 말이 있다면?
A. Never give up and go on(절대 포기 하지 말고 계속 나아가).

이름: 이반 마르네즈 비토스(Ivan Marhnez Byatos) /
나이: 24 / 국적: 스페인 / 여행 시작일: ???
Q. 지금 무엇을 하고 있었나?
A. Studying(공부하는 중).
Q. 어른이 되어서 여행을 하는 건 무책임한 일일까?
A. I don't think is ture, it is a fortune being able to travel(나는
   그렇게 생각하지 않아. 여행을 떠날 수 있는 것은 행복한
   일이니까).
Q. 여행이 끝나면 무엇을 할 예정인가?
A. Challenge and go on(계속 도전하고 나아갈 거야).

세계를

여행하는

배낭여행자들의

문답

1. 어제 목욕을 했다?
Did you take a shower yesterday?

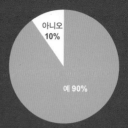

2. 어제 양치질을 했다?
Did you brush your teeth yesterday?

3. 어제 팬티를 갈아입었다?
Did you change your underpants yesterday?

4. "냄새나!"라는 말을 들은 적이 있다?
Have you ever been said
"You Stink!" by someone?

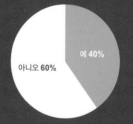

5. 여행 중에 오줌을 싼 적이 있다?
Have you ever wet your pants during travel?

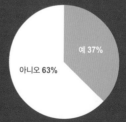

6. 향수병에 걸린 적이 있다?
Have you ever wanted to go home
during travel?

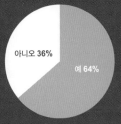

7. 자아 찾기에 한창이다?
Are you looking for yourself now?

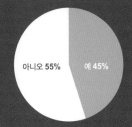

8. 여행을 떠나기 전, 일은 그만두었나?
Before this travel, did you quit your job?

9. 사실 안정적인 직장에 다니고 싶다?
Do you want a stable job actually?

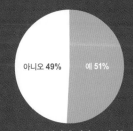

10. 사회에서 출세하고 싶다?
Do you want to get a successful carrier in this society?

11. 무언가로부터 도망쳐 이곳에 왔다?
You are here, is this because you ran away from
something?

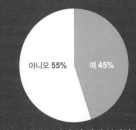

12. 여행이 끝난 후의 삶이 불안하다?
Do you become anxious
when you imagine a life after this travel?

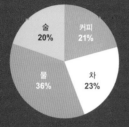

13. 이 중 어느 것을 좋아하는가?
Which one do you like?

14. 이 중 어느 것을 좋아하는가?
Which one do you like?

15. 지금 신고 있는 것은?
Your shoes are…

16. 지금 느끼고 있는 것은?
Now what do you feel like?

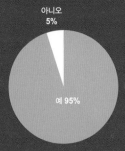

아니오
5%

예 95%

17. 꿈이 있다?
Do you have a dream?

우연
19%

운명
81%

18. 믿는 것은?
You believe in…

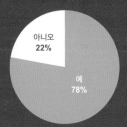

아니오
22%

예
78%

19. 집에 돌아가면
당신을 기다리는 사람이 있다?
Do you have someone special
waiting for you back home?

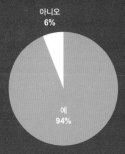

아니오
6%

예
94%

20. 인생은 여행이다?
Is life a journey?

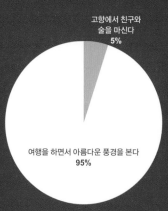

고향에서 친구와
술을 마신다
5%

여행을 하면서 아름다운 풍경을 본다
95%

21. 어느 때 행복을 느끼는가?
In which case do you feel happiness?

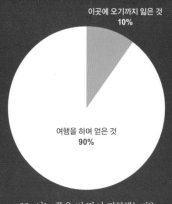

이곳에 오기까지 잃은 것
10%

여행을 하며 얻은 것
90%

22. 어느 쪽을 더 많이 경험했는가?
Which case did you experience the more?

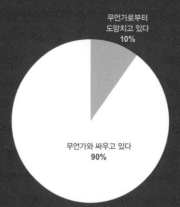

무언가로부터
도망치고 있다
10%

무언가와 싸우고 있다
90%

23. 나 자신은?
You are…

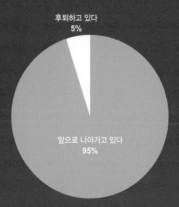

후퇴하고 있다
5%

앞으로 나아가고 있다
95%

24. 나는 지금…?
You are in…

25. 어느 쪽이 어려운가?
Which is difficult?

26. 나 자신은…?
You are…

27. 전쟁은 필요하다?
Is war necessary?

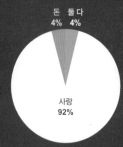

28. 중요한 것은?
Which is important?

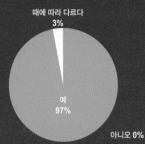

29. 혼자 있는 것이 좋다?
Do you like being alone?

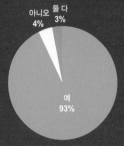

30. 자기 자신이 좋다?
Do you like yourself?

추하다
10%

대단하다
90%

31. 인간은…?
The people are…

더럽다
7%

아름답다
93%

32. 세계는…?
The world is…

작다
21%

크다
79%

33. 세계는…?
The world is…

둘 다
14%

작다
55%

크다
31%

34. 나는…?
Yourself is…

둘 다 지루하다
10%

세계
11%

둘 다
지루하지 않다
24%

자신
55%

35. 지루한 것은?
Which is boring?

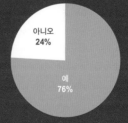

아니오
24%

예
76%

36. 가능하다면 평생 여행하고 싶다?
Do you want to keep on traveling
all your life if you can?

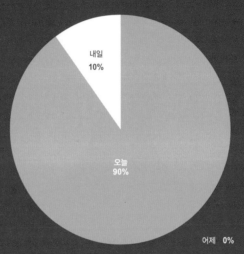

내일
10%

오늘
90%

어제 0%

37. 어느 것이 중요한가?
Which one is important…

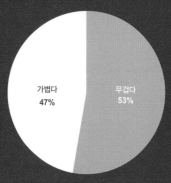

38. 당신의 백팩은…?
Your back pack is…

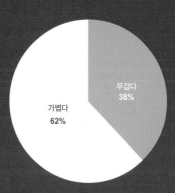

39. 당신의 마음은…?
Your heart is …

끝내며…
만남을 통해 인생은 변해 간다

인도에서 돌아온 후, 나는 존경하는 스승을 만나 그의 어시스턴트가 되었다. 훌륭한 포토그래퍼가 되기 위해 나는 일단 백팩을 내려놓았다. 도쿄의 인파에 시달리며 우동을 먹는 생활은 여전하다. 하지만 바뀐 것이 두 가지 있다.

첫째.

나는 '히데네 집'에 얹혀살던 생활을 졸업하고 자취 생활을 시작했다.

그와 동시에 이번에는 쇼타가 얹혀살기 위해 오사카에서 굴러들어 왔다. 하하하.

'히데네 집'은 마치 우리의 등용문이 된 것 같다. 이 자리를 빌려 전하고 싶다.

"히데! 고맙다! 진짜 고맙데이!"

둘째.

현실을 살아가는 것만으로도 힘에 벅찼던 그 시절의 나는 이제 없다. 사회 속 다른 사람의 이야기 아닌, 내 이야기를 만들며 살아가고 있다. 나는 이제 더 이상, 절대로 흔들리지 않는다.

내 인생은 내가 만들어 가는 것, 내 인생의 주인공은 나니까. 여행에서 만난 세계의 배낭여행자들이 가르쳐준 것. 이 자리를 빌려, "Thank you(고마워)!"라고 진심으로 외치고 싶다. 나는 스승 밑에서 노력하는 길을 선택했다. 사진은 물론이고 인간으로서, 그리고 남자로서도 멋진 사람이다. 내 모든 감각이 '이 사람이다!'를 외치고 있었다. 그래서 무슨 일이 있어도 이 스승 밑에서 배우고 싶다고 생각했다.

스승이 해준 말이 있다.

'센스를 기르거나 모양을 내는 것은 나중에 얼마든지 할 수 있다. 지금은 오로지 촌스럽게, 열심히만 하면 된다. 그 모습이 아름답게 보이면 누구에게든 평가받을 테니까. 힘내.'

꾀죄죄하고 촌스러워도, 내 이야기를 계속해서 그려 나간다. 그러면 이런 나도 내 이름을 건 책을 낼 수 있다. 나의 24살은, 정말로 큰 의미를 지닌 한 해가 되었다. 소중한 사람과의 이별도 있었고, 존경하는 스승과의 만남도 있었다. 만남을 통해 인생은 변화해 간다. 그런 만남들로 가득했다. 하지만 그 만남도 내가 계속해서 앞으로 열심히 걸어 나가지 않았다면 절대 일어나지 않았을 것이라 생각한다.

마지막으로.

출판의 기회를 준 이로하 출판 여러분, 대표 기무 상, 편집의 오쓰카 상. 진심으로 감사드립니다. 사진을 보고 평가해 주신 기무 상. 처음부터 끝까지 편집을 해주신 오쓰카 상. 글을 쓰는 방법부터 시작해 모든 것에 신세를 졌습니다.

이로하 출판 여러분과의 만남에 건배를 듭니다. 이 책이 조금이라도 앞을 향해 걸어가는 사람의 등을 밀어줄 수 있도록, 제 등이 조금이라도 열심히 걸어 나가려는 사람의 목표가 될 수 있도록, 저는 다시 새로운 여행을 한 걸음 한 걸음 나아가려 합니다.

가시와다 데쓰오

고마움을 담아

　지금껏 만났던 사람들, 응원해준 사람, 지탱해준 사람, 손을 내밀어준 사람, 도와준 사람, 냉정한 말을 해준 사람, 이 모든 만남에 고마움을 담아 감사드립니다.

　앞으로도 열심히 노력할 테니 응원 부탁드립니다.

한언의 사명선언문

Since 3rd day of January, 1998

Our Mission — 우리는 새로운 지식을 창출, 전파하여 전 인류가 이를 공유케 함으로써 인류 문화의 발전과 행복에 이바지한다.

— 우리는 끊임없이 학습하는 조직으로서 자신과 조직의 발전을 위해 쉼 없이 노력하며, 궁극적으로는 세계적 콘텐츠 그룹을 지향한다.

— 우리는 정신적·물질적으로 최고 수준의 복지를 실현하기 위해 노력하며, 명실공히 초일류 사원들의 집합체로서 부끄럼 없이 행동한다.

Our Vision 한언은 콘텐츠 기업의 선도적 성공 모델이 된다.

저희 한언인들은 위와 같은 사명을 항상 가슴속에 간직하고
좋은 책을 만들기 위해 최선을 다하고 있습니다.
독자 여러분의 아낌없는 충고와 격려를 부탁 드립니다.

· 한언 가족 ·

HanEon´s Mission statement

Our Mission — We create and broadcast new knowledge for the advancement and happiness of the whole human race.

— We do our best to improve ourselves and the organization, with the ultimate goal of striving to be the best content group in the world.

— We try to realize the highest quality of welfare system in both mental and physical ways and we behave in a manner that reflects our mission as proud members of HanEon Community.

Our Vision HanEon will be the leading Success Model of the content group.